［宋］沈括撰　明萬曆三十年沈儆炌延津刊本

夢溪筆談全編

讀者出版社

圖書在版編目（CIP）數據

夢溪筆談全編 /（宋）沈括撰 . -- 影印本 . -- 蘭州 : 讀者出版社 , 2019.1
ISBN 978-7-5527-0524-9

Ⅰ . ①夢… Ⅱ . ①沈… Ⅲ . ①筆記－中國－北宋
Ⅳ . ① Z429.441

中國版本圖書館 CIP 數據核字 (2019) 第 000814 號

夢溪筆談全編
（宋）沈　括　撰

責任編輯　漆曉勤
裝幀設計　路建鋒　何雲飛

出版發行　讀者出版社
地　　址　蘭州市城關區讀者大道 568 號（730030）
郵　　箱　readerpress@163.com
電　　話　0931-8773027（編輯部）　0931-8773269（發行部）

印　　刷　北京虎彩文化傳播有限公司
規　　格　787 毫米 × 1092 毫米　1/16
　　　　　印張 32　字數 250 千　插頁 3
版　　次　2019 年 1 月第 1 版
　　　　　2019 年 1 月第 1 次印刷
印　　數　1~100
書　　號　978-7-5527-0524-9
定　　價　800.00 圓

出版説明

現代漢語用『圖書』表示文獻的總稱，這一稱謂可以追溯到古史傳説時代的河圖、洛書。在文化史中，圖像始終承擔着重要的文化功能。傳説時代的大禹『鑄鼎象物』，將物怪的形象鑄到鼎上，使『民知神奸』。在《周易》中也有『制器尚象』之説。一般而論，文化生活皆有其對應的物质層面的表现。在中國古代文獻研究活動中，學者也多注意器物、圖像的研究，如《詩》中的草木、鳥獸，《山海經》中的神靈物怪，禮儀中的禮器、行禮方位等，學者多畫爲圖像，與文字互相説明，成爲經學研究中的『圖説』類著述。又宋元以後，庶民文化興起，出版業高度發達，版刻印刷益發普及，在普通文獻中也逐漸出現了圖像資料。它們廣泛地涉及植物、動物、日常的物質生產程序與工具、平民教化等多個方面，其中流傳至今者，是我們瞭解古代文化的重要憑藉。通過這些圖文並茂的文本，讀者可以獲得對古代文化生動而直觀的感知。爲了方便讀者利用，我們將古代文獻中有關圖像、版畫、彩色套印本等文獻輯爲叢刊正式出版。

本編選目兼顧文獻學、古代美術、考古、社會史等多種興趣，範圍廣泛，版本選擇也兼顧古代東亞地區漢文化圈的範圍。圖像在古代社會生活中的一大作用涉及平民教化，即古人所謂的『圖象古昔，以當箴規』。（語出何晏《景福殿賦》）明清以來，民間勸善之書，如《陰騭文》《閨範》等，皆有圖解，其中所宣揚的古代道德意識中的部分條目固然爲我們所不取，甚至是應該批判的對象，但其中多有精美的版畫，除了作爲古代美術史文獻以外，由此也可考見古代一般平民的倫理意識，實爲社會史研究的重要材料。

本編擬目涉及多種類型的文獻，兹輯爲叢刊，然亦以單種別行為主，只有部分社會史性質的文本，因爲篇卷無多，若獨立成册則面臨裝幀等方面的困難，則取同類文本合爲一册。文獻卷首都新編了目録以便檢索，但爲了避免與書中内容大量重複，無謂地增加篇幅，有部分新編目録視原書目録爲簡略，也有部分文本性質特殊，原書中本無卷次目録之類，則約舉其要，新擬條目，其擬議未必全然恰當。所有文獻皆影印，版式色澤，一存古韻。

目録（二十六卷）

跋夢溪筆談

宋時諸先生多喜薈撮聞識以豎乎類而攡綴叢襍何取談鈴瑣袠夢筆溪禪腹笥獨秀宋存中以所著筆談上稽朝典下逮方言神怪人理鳥獸草木搜

奇抉秘羅列星分渢渢乎博而綜
該而典核而不詭精實而可攷鏡
蓋筆談出而諸譚者爝矣嗟夫
史以羽翼諸經猶之四瀆五嶽稱
史以鼓吹正史猶之萬壑千巖
而今學士自帖括外即經史且

度置焉閣何論其他乃其焉者
又必欲覆惠子之五車六鄴侯
之千軸而後已余以為皆非也
夫使舍筏忘筌何草非菜剡
舟膠擾是居皆塵韓子不云
乎紀事者必提其要纂言者

必鉤其玄是書雖寥寥短篇而
持論多前人所未發紀載多往
條所未瞰所謂累百歲之味
而爲鋪集千狐之腋而成白者
且其明習宋初之掌故稱引
先輩之典刑皆鑿鑿可據而

所自叙猶曰是非利害不敢與
聞則猶有得乎金人而圭之旨
識結師其激意接其餘旨豈
徒助麈尾之談鑣佐酒闌之
觴以已哉余雖嗜之恒置巾
箱會出領延津安閣踞其號

澤上因有感于張呂二公神識洽
聞千載無兩如存中者猶亦庶幾
遂出所藏其本授門人孫生昌齡
校之以付剞劂蓋孫生素稱博
雅能繼其家云
萬曆壬寅仲秋穀旦裔孫

徽州將永甯書于延津公署之超然堂

夢溪筆談序

沈括存中述

予退處林下深居絕過從思平日與客言者時紀一事於筆則若有所晤言蕭然移日所與談者惟筆硯而已謂之筆談

聖謨國政及事近宮省皆不敢私

紀至於繫當日士大夫毀譽者雖善亦不欲書非止不言人惡而已所録惟山間木蔭率意談噱不繫人之利害者下至閭巷之言靡所不有亦有得於傳聞者其間不能無缺謬以之爲言則甚卑以予爲無意於言可也

楮先生喜讀外家傳語張華盡
天下奇秘書韓昌黎手不停披
百家之編故其學浩博而文淵
永乃知學子耽經玩史外別有
虞初稗官之書亦未可少吴興
沈存中博覽古今於制度猶悉
粤在熈豐詆車戰上奉元曆編

脩都國圖頗極博綜前史稱之
暮年著筆談計二十六卷自故
事而下曰象數曰官政曰樂律
曰藥議辯譌正謬纂録詳核閒
未聞見未見融之可以潤筆端
採之可以裨信史昔王儉出巾
箱几案雜服飾令學士隸事事

多者與之人各得一二物陸澄
後至出衆所不知事各數條皆
儉所未覩并舊物奪去若澄更
得此書又當奪幾籌
大德乙巳春茶陵古迂陳仁子
刊于東山書院并序

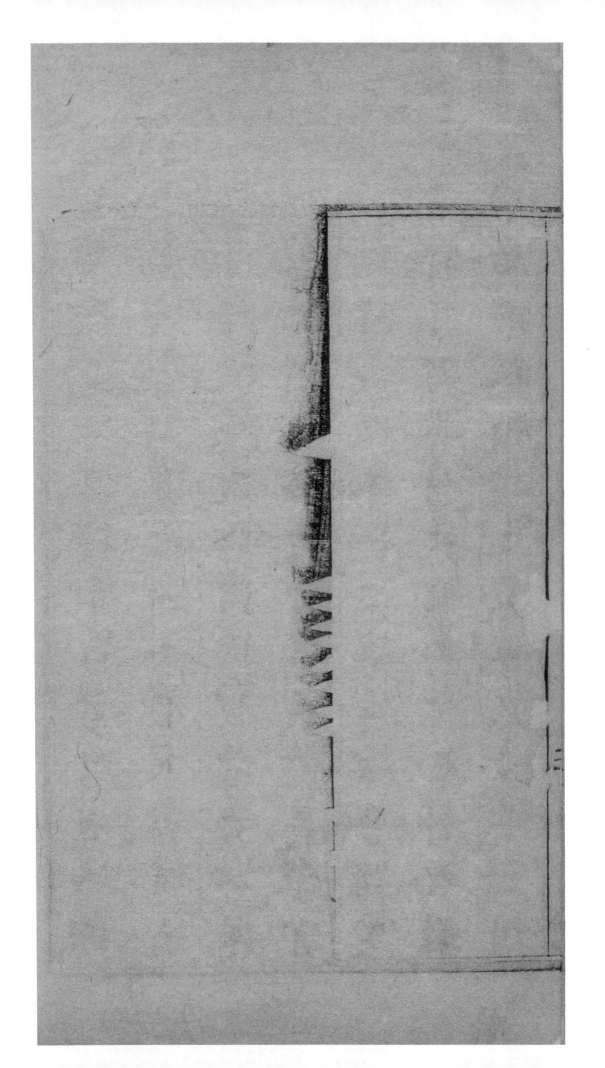

廣陵曩丁雲擾幸存黌宮兩廡折
爲官舍儲粟之所士皆暴露時有
子衿之嘆大師周侯開藩之二年
慨然謂成俗之方本乎禮義學宮
又禮義之本一日盡屏官舍儲粟
於外因其舊扶顛易圮而新之繼
廣田租稍增生員尋又斥其餘刊

沈公筆談爲養士無窮之利今方領俊秩彬彬然禮義之風皆昔之在城闕者也夫教養相須既教而養之蔑如雖唐虞不能以化民此稷契二官所以相爲表裏也今既闢絃歌之地又開資給之源可謂教養兼得矣此書公庫舊有之往

往貿易以充郡帑不及學校今茲反是益見薄於已而厚於士賢前人遠矣脩年代賡泮宮備校書之職謹識其本末且證辯譌舛凡五十餘字疑者無他本不敢以意驟易姑存其舊以俟好古博雅君子筆談所記皆

祖宗盛時典故卿相太平事業及
前世制作之美雖目見耳聞者皆
有補於世非他雜誌之比云乾道
二年六月日左迪功郎充揚州州
學教授湯脩年跋

夢溪筆談全編目録

夢溪筆談全編卷一

沈括　存中　述

故事一

上親郊郊廟冊文皆曰恭薦歲事先景靈宮謂之朝獻次太廟謂之朝饗末乃有事于南郊予集郊式時曾預討論常疑其次序若先為尊則郊不應在廟後若後為尊則景靈宮不應在太廟之先求其所從來蓋有所因按唐故事凡有事于上帝則百神皆預遣使祭告唯太清宮太廟則皇帝親行其冊祝皆曰取某月某日有事于某所不敢不告宮

廟謂之奏告餘皆謂之祭告唯有事于南郊方為正祠至天寶九載乃下詔曰告者上告下之詞今後太清宮宜稱朝獻太廟稱朝饗自此遂失奏告之名冊文皆為正祠

正衙法座香木為之加金飾四足墮角其前小偃織藤冒之每車駕出幸則使老內臣馬上抱之曰駕頭輦後曲蓋謂之筤兩扇夾心通謂之扇筤皆繡亦有銷金者即古之華蓋也

唐翰林院在禁中乃人主燕居之所玉堂承明金鑾殿皆在其間應供奉之人自學士以下工伎羣官

司隸籍其間者皆稱翰林如今之翰林醫官翰林待詔之類是也唯翰林茶酒司止稱翰林司蓋相承闕文唐制自宰相而下初命皆無宣召之禮惟學士宣召蓋學士院在禁中非内臣宣召無因得入故院門别設複門亦以其通禁庭也又學士院北扉者為其在浴堂之南便於應召今學士初拜自東華門入至左承天門下馬待詔院吏自左承天門雙引至閤門此亦用唐故事也唐宣召學士自東門入者彼時學士院在西掖故自翰林院東門赴召非若今之東華門也至如挽鈴故事亦緣

其在禁中雖學士院吏亦止于玉堂門外則其嚴密可知如今學士院在外與諸司無異亦設鈴索悉皆文具故事而已

學士院玉堂　太宗皇帝曾親幸至今唯學士上日許正坐他日皆不敢獨坐故事堂中設視草臺每草制則具衣冠據臺而坐今不復如此但存空臺而已玉堂東承旨閣子窗格上有火燃處太宗嘗夜幸玉堂蘇易簡為學士已寢遽起無燭具衣冠宮嬪自窗格引燭入照之至今不欲更易以為玉堂一盛事

東西頭供奉官本唐從官之名自永徽以後人主多居大明宮别置從官謂之東頭供奉官西内具員不廢則謂之西頭供奉官　唐制兩省供奉官東西對立謂之蛾眉班　國初供奉班於百官前横列王溥罷相為東宫一品班在供奉班之後遂令供奉班依舊分立慶曆賈安公為中丞以東西班對拜為非禮復令横行至今初敘班分立百官班定乃轉班横行參罷復分立百官班退乃出參用舊制也

衣冠故事多無著令但相承為例如學士舍人躡履

見丞相往還用平狀扣堦乘馬之類皆用故事也
近歲多用靴簡章子厚爲學士日因事論列今則
遂爲著令矣
中國衣冠自北齊以來乃全用胡服窄袖緋綠短衣
長靿靴有鞢䪁帶皆胡服也窄袖利於馳射短衣長
靿皆便於涉草胡人樂茂草常寢處其間予使北
時見之雖王庭亦在深薦中予至胡庭日新雨過
涉草衣袴皆濡唯胡人都無所霑帶衣所垂鞢䪁
皆欲佩帶弓劍帉帨筭囊刀礪之類自後雖去鞢
䪁而猶存其環環所以銜鞢䪁如馬之鞦根即今

之帶銙也天子必以三環為節唐武德正觀時猶爾開元之後雖仍舊俗而稍褒博矣然帶鉤尚穿帶本為孔本朝加順折茂人文也幞頭一謂之四脚乃四帶也二帶繫腦後垂之折帶反繫頭上令曲折附頂故亦謂之折上巾唐制唯人主得用硬脚晚唐方鎮擅命始僭用硬脚本朝幞頭有直脚局脚交脚朝天順風凡五等唯直脚貴賤通服之又庶人所戴頭巾唐人亦謂之四脚盖兩脚繫腦後兩脚繫頷下取其服勞不脫也無事則反繫于頂上今人不復繫頷下兩帶遂為虛設

唐中書指揮事謂之堂帖子曾見唐人堂帖宰相簽
押格如今之堂劄子也
予及史館檢討時議樞密院劄子問宣頭所起余按
唐故事中書舍人職堂誥詔皆寫二本一本為底
一本為宣此宣謂行出耳未以名書也晚唐樞密
使自禁中受旨出付中書即謂之宣中書承受録
之于籍謂之宣底今史館中尚有故宣底二卷如
今之聖語簿也梁朝初置崇政院專行密命至後
唐莊宗復樞密使使郭崇韜安重誨為之始分領
政事不關由中書直行下者謂之宣如中書之勑

小事則發頭子擬堂帖也至今樞密院用宣及頭子本朝樞密院亦用帖子但中書劄子宰相押字在上次相及參政以次向下樞密院劄子樞長押字在下副貳以次向上以此為别頭子唯給驛馬之類用之

百官於中書見宰相九卿而下即省吏高聲唱一聲屈則趨而入宰相揖及進茶皆抗聲贊唱謂之屈揖待制以上見則言請某官更不屈揖臨退仍進湯皆於席南横設百官之位升朝則坐京官以下皆立後殿引臣寮則待制已上宣名拜舞庶官但

贊拜不宣名不舞蹈中書畧貴者示與之抗也上前則畧微者殺禮也

唐制丞郎拜官即籠門謝令三司副使巳上拜官則拜舞于子階上百官拜于階下而不舞蹈此亦籠門故事也

學士院第三廳學士閤子當前有一巨槐素號槐廳舊傳居此閤者多至入相學士爭槐廳至有抵徹前人行李而強據之者余為學士時目覩此事

諫議班在知制誥上若帶待制則在知制誥下從職也戲語謂之帶墜

集賢院記開元故事校書官許稱學士今三館職事

皆稱學士用開元故事也

館閣新書凈本有誤書處以雌黄塗之嘗校改字之

法刮洗則傷紙紙貼之又易脫粉塗則字不沒塗數

遍方能漫滅唯雌黄一塗則滅仍久而不脫古人

謂之鉛黄蓋用之有素矣

余為鄜延經畧使日新一廳謂之五司廳延州正廳

乃都督廳治延州事五司廳治鄜延路軍事如唐

之使院也五司者經畧安撫總管節度觀察也唐

制方鎮皆帶節度觀察處置三使今節度之職多

歸總管司觀察歸安撫司處置歸經略司其節度觀察兩案幷支掌推官判官今皆治州事而已經略安撫司不置佐官以帥權不可更不專也都總管副總管鈐轄都監同僉書而皆受經略使節制

銀臺司兼門下封駁乃給事中之職當隸門下省故事乃隸樞密院下寺監皆行劄子寺監具申狀雖三司亦言上銀臺主判不以官品初冬獨賜翠毛錦袍學士以上自從本品行案用樞密院雜司人吏主判食樞密廚蓋樞密院子司也

大駕鹵簿中有勘箭如古之勘契也其牡謂之雄牡

箭牝謂之關仗箭本胡法也熙寧中罷之
前世藏書分隸數處蓋防水火散亡也今三館秘閣
凡四處藏書然同在崇文院其間官書多為人盜
竊士大夫家往往得之嘉祐中置編校官八員襍
讐四館書給吏百人悉以黄紙為大冊寫之自此
私家不敢輒藏校讐累年僅能終昭文一館之書
而罷

舊翰林學士地勢清切皆不兼他務文館職任自校
理以上皆有職錢唯内外制不給楊大年久為學
士家貧請外表詞千餘言其間兩聯曰虛忝甘泉

之從臣終作莫敎之餞兕從者之病莫與方朔之饑欲死京師百官上日唯翰林學士勑設用樂他雖宰相亦無此禮優伶並開封府點集陳和叔除學士時和叔知開封府遂不用女優學士院勑設不用女優自和叔始

禮部貢院試進士日設香案于堦前主司與舉人對拜此唐故事也所坐設位供張甚盛有司具茶湯飲漿至試學究則悉徹帳幕氈席之類亦無茶湯渴則飲硯水人人皆黔其吻非故欲困之乃防氈幕及供應人私傳所試經義昔嘗有敗者故事為

之防歐文忠有詩焚香禮進士徹幕待經生以爲
禮數重輕如此其實自有謂也
嘉祐中進士奏名訖未御試京師妄傳王俊民爲狀
元不知言之所起人亦莫知俊民爲何人及御試
王荆公時爲知制誥與天章閣待制楊樂道二人
爲詳定官舊制御試舉人設初考官先定等第復
彌之以送覆考官再定等第乃付詳定官發初考
官所定等以對覆考之等如同即已不同則詳其
程文當從初考或從覆考爲定即不得别立等是
時王荆公以初覆考所定第一人皆未允當於行

間別取一人為狀首楊樂道守法以為不可議論
未決太常少卿朱從道時為彌封官聞之謂同舍
曰二公何用力爭從道十日前已聞王俊民為狀
元事必前定二公恨自苦耳既而二人各以己意
進稟而詔從荆公之請及發封乃王俊民也詳定
官得別立等自此始遂為定制
選人不得乘馬入宮門天聖中選人為館職始歐陽
永叔黄鑑輩皆自左掖門下馬入館當時謂之步
行學士嘉祐中於崇文院置編校局校官皆許乘
馬至院門其後中書五房置習學公事官亦緣例

乘馬赴局

車駕行幸前驅謂之隊則古之清道也其次衛仗衛仗者視闌入宮門法則古之外仗也其中謂之禁圍如殿中仗天官掌舍無宮則供人門今謂之殿門夫武官極天下長人之選入上御前殿則執鉞立于紫宸門下行幸則為禁圍門行於仗馬之前又有衛門十人隊長一人選諸武力絕倫者為之上御後殿則執檛東西對立于殿前亦古之虎賁人門之類也

余嘗購得後唐閔帝應順元年案檢一通乃除宰相

劉句右兼判三司堂檢前有擬狀云具官劉句右伏以劉句右經國才高正君志切方屬體元之運實資謀始之規宜注宸衷委司判計漸期富庶永賛聖明臣等商量望授依前中書侍郎兼吏部尚書同中書門下平章事充集賢殿大學士兼判三司散官勲封契故未審可否如蒙允許望付翰林降制處分謹錄奏聞其後有制書曰宰臣劉句右可兼判三司公事宜令中書門下依此施行付中書門下准此四月十日用御前新鑄之印與今政府行遣稍異

本朝要事對稟常事擬進入畫可然後施行謂之熟
狀事速不及待報則先行下具先行下具制草奏
知謂之進草熟狀白紙書宰相押字他執政具姓
名進草即黄紙書宰臣執政皆於狀背押字堂檢
宰執皆不押唯宰屬於檢背書日堂吏書名用印
此擬狀有詞宰相押檢不印此其為異也大率唐
人風俗自朝廷下至郡縣決事皆有詞謂之判則
書判科是也押檢二人乃馮道李愚也狀檢瀛王
親筆甚有改竄勾抹處按舊五代史應順元年四
月九日己卯鄂王薨庚辰以宰相劉昫右判三司正

是十日與此檢無差宋次道記開元宰相奏請鄭畋鳳池亭草擬狀注制集悉多用四六皆宰相自草今此擬狀馮道親筆蓋故事也

舊制中書樞密院三司使印並塗金近制三省樞密院印用銀為之塗金餘皆鑄銅而已

夢溪筆談全編卷二

沈括存中述

故事二

三司使班在翰林學士之上舊制權使即與正同故三司使結銜皆在官職之上慶曆中葉道卿為權三司使執政有欲抑道卿者降勑時移權三司使在職下結銜遂立翰林學士之下至今為例後嘗有人論列結銜雖依舊而權三司使初除閤門取旨間有叙學士者然不為定制

宗子授南班官世傳王文正太尉為宰相日始開此

議不然也故事宗子無遷官法唯遇稀曠大慶則
普遷一官景祐中初定
祖宗並配南郊宗室欲緣大禮乞推恩使諸王宮
教授刁約草表上聞後約見丞相王沂公公問前
日宗室乞遷官表何人所為約未測其意荅以不
知歸而思之恐事窮且得罪乃再詣相府沂公問
之如前約愈恐不復敢隱遂以實對公曰無他但
愛其文詞耳再三嘉奬徐曰已得旨别有措置更
數日當有指揮自此遂有南班之授近屬自初除
小將軍凡七遷則為節度使遂為定制諸宗子以

千纔謝約約辭不敢受余與刁親舊刁嘗出表稿以示余

大理法官皆親節案不得使吏人中書檢正官不置吏人每房給楷書一人録淨而已盖欲士人躬親職事格吏奸兼歷試人才也

太宗命創方團毬帶賜二府文臣其後樞密使兼侍中張耆王貽永皆特賜李用和曹郡王皆以元舅賜近歲宣徽使王君貺以耆舊特賜皆出異數非例也近歲京師士人朝服乘馬以黲衣蒙之謂之涼衫亦古之遺法也儀禮朝服加景是也但不知

古人制度章色如何耳

內外制凡草制除官自給諫待制以上皆有潤筆物太宗時立潤筆錢數降詔刻石于舍人院每除官則移文督之在院官下至吏人院騶皆分霑元豐中改立官制內外制皆有添給罷潤筆之物

唐制官序未至而以他官權攝者為直官如許敬宗為直記室是也 國朝學士舍人皆置直院熈寧中復置直舍人學士院但以資淺者為之其實正官也熈寧六年舍人皆遷罷閣下無人乃以章子平權知制誥而不除直院者以其暫攝也古之兼

官多是暫時攝領有長燕者即同正官余家藏海
陵王墓誌謝脁文稱燕中書侍郎
三司開封府外州長官升廳事則有衙吏前導告謁
國朝之制在禁中唯三官得告宰相告于中書翰林
學士告于本院御史告于朝堂皆用朱衣吏謂之
三告官所經過處閽吏以梃扣地衆謂之打杖子
兩府親王自殿門打至本司及上馬處宣徽使打
于本院三司使知開封府打于本司近歲寺監長
官亦打非故事前宰相進朝亦有特旨許張蓋打
杖子者係臨時指揮執絲梢鞭入内自三司副使

以上副使唯乘紫絲暖座從人隊長持破木梃自待制以上近歲寺監長官持藤杖非故事也百官儀範著令之外諸家所記尚有遺者雖至猥細亦一時之儀物也

國朝未改官制以前異姓未有兼中書令者唯贈官方有之元豐中曹郡王以元舅特除兼中書令下度支給俸有司言自來未有活中書令請受則例

都堂及寺觀百官會集坐次多出臨時唐以前故事皆不可考唯顏真卿與左僕射定襄郡王郭英乂書云宰相御史大夫兩省五品供奉官自為一行

十二衛大將軍次之三師三公令僕少師保傅尚書左史丞侍郎自為一行九卿三監對之從古以來未嘗參錯此亦略見當時故事今録于此以備闕文

賜功臣號始於唐德宗奉天之後自後藩鎮下至從軍資深者例賜功臣本朝唯以賜將相熙寧中因上　皇帝尊號宰相率同列面請三四　上終不允曰徽號正如卿等功臣何補名實是時吴正憲為首相乃請止功臣號從之自是羣臣相繼請罷遂不復賜

夢溪筆談全編卷三

沈括　存中　述

辯證一

鈞石之石五權之名石重百二十斤後人以一斛為一石自漢已如此飲酒一石不亂是也挽蹶弓弩古人以鈞石率之今人乃以粳米一斛之重為一石凡石者以九十二斤半為法乃漢秤三百四十一斤也今之武卒蹶弩有及九石者計其力乃古之二十五石比魏之武卒人當二人有餘弓有挽三石者乃古之三十四鈞比顏高之弓人當五人

有餘此皆近歲教養所成以至擊刺馳射皆盡夷夏之術器仗鎧冑極今古之工巧武備之盛前世未有其比

楚詞招魂尾句皆曰些蘇箇反今夔峽湖湘及南北江獠人凡禁呪句尾皆稱些此乃楚人舊俗即梵語薩嚩訶也薩音桑葛反嚩元可反訶從去聲三字合言之即些字也

陽燧照物皆倒中間有礙故也筭家謂之格術如人搖艣臬為之礙故也若鳶飛空中其影隨鳶而移或中間為窻隙所束則影與鳶遂相違鳶東則影

西鳶西則影東又如牖隙中樓塔之影中間為牖所束亦皆倒垂與陽燧一也陽燧面窪以一指迫而照之則正漸遠則無所見過此遂倒其無所見處正如牖隙艣臬腰鼓礙之本末相格遂成搖艣之勢故舉手則影愈下下手則影愈上此其可見陽燧面窪向日照之光皆聚向內离鏡一二寸光聚為一點大如麻菽著物則火發此則腰鼓最細處也豈特物為然人亦如是中間不為物礙者鮮矣小則利害相易是非相反大則以己為物以物為己不求去礙而欲見不顛倒難矣哉酉陽雜俎謂海翻則塔影倒此妄說也影入牖隙則倒乃其常理

先儒以日食正陽之月止謂四日不然也正陽乃兩事正謂四月陽謂十月歲月陽止是也詩有正月繁霜十月之交朔月辛卯日有食之亦孔之醜二者此先王所惡也蓋四月純陽不欲為陰所侵十月純陰不欲過而干陽也

余為喪服後傳書成熙寧中欲重定五服敕而余預討論雷鄭之學闕謬固多其間高祖遠孫一事尤為無義喪服但有曾祖齊衰六月遠孫緦麻三月而無高祖遠孫服先儒皆以為服同曾祖曾孫故不言可推而知或曰經之所不言則不服皆不然

也曾重也由祖而上者皆曾祖也由孫而下者皆曾孫也雖百世可也苟有相逮者則必為服喪三月故雖成王之於后稷亦稱曾孫而祭禮祝文無遠近皆曰曾孫禮所謂以五為九者謂傍親之殺也上殺下殺至于九傍殺至于四而皆謂之族族昆弟父母族祖父母族曾祖父母過此則非其族也非其族則為之無服唯正統不以族名則是無絕道也

舊傳黄陵二女堯子舜妃以二帝化道之盛始于閨房則二女當具娀姒之德考其年歲帝舜陟方之時二妃之齒已百歲矣後人詩騷所賦皆以女子

待之語多瀆慢皆禮義之罪人也

歷代宮室中有謻門蓋取張衡東京賦謻門曲榭也說者謂冰室門按字訓謻別也東京賦但言別門耳故以對曲榭非有定處也

水以漳名洛名者最多今略舉數處趙晉之間有清漳濁漳當陽有漳水灨上有漳水鄣郡有漳江漳州有漳浦亳州有漳水安州有漳水洛中有洛水北地郡有洛水沙縣有洛水此槩舉一二耳其詳不能具載余考其義乃清濁相蹂者為漳章者文也別也漳謂兩物相合有文章且可別也清漳濁

漳合于上黨當陽即沮漳合流贛上即漳濆合流漳州余未曾目見鄣郡即西江合流亳漳則漳潙合流雲夢則漳鄖合流此數處皆清濁合流色理如蝃蝀數十里方混如璋亦從章璋王之左右之臣所執詩云濟濟辟王左右趣之濟濟辟王左右奉璋璋圭之半體也合之則成圭三左右之臣合體一心趣乎王者也又諸侯以聘女取其判合也有事于山川以其殺宗廟禮之半也又牙璋以起軍旅先儒謂有鉏牙之飾于剡側不然也牙璋判合之器也當于合處為牙如今之合契牙璋牡契

也以起軍旅則其牝宜在軍中即虎符之法也洛
與落義同謂水自上而下有投流處今淝水沱水
天下亦多先儒皆自有解
解州鹽澤方百二十里久雨四山之水悉注其中未
嘗溢大旱未嘗涸滷色正赤在版泉之下俚俗謂
之蚩尤血唯中間有一泉乃是甘泉得此水然後
可以聚人其北有堯梢消音水一謂之巫咸河大滷
之水不得甘泉和之不能成鹽惟巫咸水入則鹽
不復結故人謂之無鹽河為鹽澤之患築大堤以
防之甚于備寇盜原其理蓋巫咸乃濁水入滷中

則淤澱鹵脉塩遂不成非有他異也

莊子云程生馬嘗觀文字注秦人謂豹曰程余至延州人至今謂虎豹為程盖言蟲也方言如此抑亦舊俗也

唐六典述五行有禄命驛馬湴河之目人多不曉湴河之義余在鄜延見安南行營諸將閱兵馬籍有稱過范河損失問其何謂范河乃越人謂淖沙為范河北人謂之活沙余嘗過無定河度活沙人馬履之百步之外皆動澒澒然如人行幕上其下足處雖甚堅若遇其一陷則人馬駝車應時皆没至

有數百人平陷無孑遺者或謂此即流沙也又謂沙隨風流謂之流沙溢字書亦作埿蒲濫反按古文埿深泥也術書有溢河者蓋謂陷運如今之空亡也

古人藏書辟蠹用芸芸香草也今人謂之七里香者是也葉類豌豆作小叢生其葉極芬香秋間葉間微白如粉汙辟蠹殊驗南人採置席下能去蚤虱余判昭文館時曾得數株於潞公家移植祕閣後今不復有存者香草之類大率多異名所謂蘭蓀蓀即今菖蒲是也蕙今零陵香是也茝今白芷是

也

祭禮有腥燖熟三獻舊說以謂腥燖備太古中古之禮余以為不然先王之於死者以之為無知則不仁以之為有知則不智薦可食之熟所以為仁不可食之腥燖所以為智又一說腥燖以鬼道接之饋食以人道接之致疑也或謂鬼神嗜腥燖此雖出於異說聖人知鬼神之情狀或有此理未可致詰

世以玄為淺黑色璊為赬玉皆不然也玄乃赤黑色鷰羽是也故謂之玄鳥熙寧中京師貴人戚里多

衣深紫色謂之黑紫與皂相亂幾不可分乃所謂玄也璊赭色也毳衣如璊璊音門稷之璊色者謂之穈穈字音門以其色命之也詩有穈芑今秦人音穈聲之訛也穈色在朱黃之間似乎赭極光瑩掬之粲澤熠熠如赤珠此自是一色似赭非赭蓋所謂璊色名也而從玉以其赭而澤故以喻之也猶鴇以色名而從鳥以鳥色喻之也

世間鍛鐵所謂鋼鐵者用柔鐵屈盤之乃以生鐵陷其間泥封煉之鍛令相入謂之團鋼亦謂之灌鋼此乃偽鋼耳暫假生鐵以為堅二三煉則生鐵自

熟仍是柔鐵然而天下莫以爲非者蓋未識眞鋼耳余出使至磁州鍛坊觀煉鐵方識眞鋼凡鐵之有鋼者如麪中有觔濯盡柔麪則麪筋乃見煉鋼亦然但取精鐵鍛之百餘火每鍛稱之一鍛一輕至累鍛而斤兩不減不減則純鋼也雖百煉不耗矣此乃鐵之精純者其色清明磨瑩之則黯黯然青且黑與常鐵迥異亦有煉之至盡而全無鋼者皆繫地之所産

詩芄蘭之支童子佩觿觿解結錐也芄蘭生莢支出於葉間垂之正如解結錐所謂佩觿者疑古人爲

䩞之制亦當與芄蘭之葉相似但今不復見耳

江南有小栗謂之茅栗以余觀之此正所謂芧也則莊子所謂狙公賦芧者芧音序此文相近之誤也茅音草茅之茅

余家有閻博陵畫唐秦府十八學士各有真贊亦唐人書多與舊史不同姚柬字思廉舊史姚思廉字簡之蘇臺陸元明薛莊唐書皆以字為名李元道蓋文達于志寧許敬宗劉孝孫蔡允恭唐書皆不書字房玄齡字喬年唐書乃名喬字玄齡孔穎達字穎達唐書字仲達蘇典籤名從日從九唐書乃

從日從助許敬宗薛莊官皆直記室唐書乃攝記室盖唐書成于後人之手所傳容有訛謬此乃當時所記也以舊史考之魏鄭公對太宗云目如懸鈴者佳則真齡果名非字也然蘇世長太宗召對真武門問云卿何名長意短後乃為學士似為學士時方更名耳

唐正觀中敕下度支求杜若省郎以謝朓詩云芳洲採杜若乃責坊州貢之當時以為嗤笑至如唐故事中書省中植紫薇花何異坊州貢杜若然歷世循之不以為非至今舍人院紫微閣前植紫薇花

用唐故事也

漢人有飲酒一石不亂余以製酒法較之每麁米二斛釀成酒六斛六斗今酒之至醨者每秫一斛不過成酒一斛五斗若如漢法則粗有酒氣而已能飲者飲多不亂宜無足怪然漢之一斛亦是今之二斗七升人之腹中亦何容置二斗七升水邪或謂石乃鈞石之石百二十斤以今秤計之當三十二斤亦今之三斗酒也于定國食酒數石不亂疑無此理

古說濟水伏流地中今歷下凡發地皆是流水世傳

濟水經過其下東阿亦濟水所經取井水煮膠謂之阿膠用攪濁水則清人服之下膈疏痰止吐皆取濟水性趨下清而重故以治淤濁及逆上之疾今醫方不載此意

余見人為文章多言前榮榮者夏屋東西序之外屋翼也謂之東榮西榮四注屋則謂之東霤西霤未知前榮安在

宗廟之祭西向者室中之祭也藏主于西壁以其生者之處奧也即主祏而求之所以西向而祭至三獻則尸出于室坐于戶西南面此堂上之祭也戶西

謂之扆設扆于此左户右牖户牖之間謂之扆坐于户西即當扆而坐之也上堂設位而亦東向者設用室中之禮也

人而不為周南召南其猶正墻面而立也周南召南樂名也胥鼓以雅以南是也關雎鵲巢二南之詩而已有樂有舞焉學者之事其始也學周南召南末至於舞大夏大武所謂為周南召南者不獨誦其詩而已

莊子言野馬也塵埃也乃是兩物古人即謂野馬為塵埃如吳融云動梁間之野馬又韓渥云總裹日光飛野馬皆以塵為野馬恐不然也野馬乃田野

閻浮氣耳遠望如羣羊又如水波佛書謂如熱時

野馬陽焰即此物也

蒲蘆說者以為螺蠃疑不然蒲蘆即蒲葦也故曰人道敏政地道敏樹夫政猶蒲蘆也人之為政猶地之藝蒲葦遂之而已亦行其所無事也

余考樂律及受詔改鑄渾儀求秦漢以前度量斗升計六斗當今一斗七升九合秤三斤當今十三兩一斤當今四兩三分兩之一一兩當今六銖半為升中方古尺二寸五分十分分之三今尺一寸八分百分分之四十五強

十神太一一曰太一次曰五福太一三曰天一太一

四曰地太一五曰君基太一六曰臣基太一七曰民基太一八曰大遊太一九曰九氣太一十曰十神太一唯太一最尊更無別名止謂之太一三年一移後人以其別無名遂對大遊而謂之小遊太一此出於後人誤加之京師東西太一宮正殿祠五福而太一乃在廊廡甚為失序熙寧中初營中太一宮下太史考定神位余時領太史預其議論今前殿祠五福而太一別為後殿各全其尊深為得體然君基臣基民基避唐明帝諱改為棊至今仍襲舊名未曾改正

余嘉祐中客宣州寧國縣縣人有方璵者其高祖方虔為楊行密守將總兵戍寧國以備兩浙虜後為吳人所擒其子從訓代守寧國故子孫至今為寧國人璵有楊溥與方虔方從訓手教數十紙紙札皆精善教稱委曲書押處稱使或稱吳王內一紙報方虔云錢鏐此月內已亡殁紙尾書正月二十九日按五代史錢鏐以後唐長興二年卒楊溥天成四年已僭即偽位豈得長興二年尚稱吳王溥手教所指揮事甚詳翰墨印記極有次序悉是當時親跡今按天成四年歲庚寅長興二年歲壬辰

許差二年溥手教余得其四紙至今家藏

夢溪筆談全編卷三

夢溪筆談全編卷四

沈括　存中　述

辯證二

司馬相如上林賦叙上林諸水曰丹水紫淵灞滻涇渭八川分流相背而異態灝溔潢漾東注太湖八川自入大河大河去太湖數千里中間隔太山及淮濟大河何緣與太湖相涉郭璞江賦云注五湖以泱漭灌三江而漰沛墨子曰禹治天下南為江漢淮汝東流注之五湖孔安國曰自彭蠡江分為三入于震澤後為北江而入于海此皆未嘗詳考

地里江漢至五湖自隔山其末乃遶出五湖之下流徑入于海何緣入于五湖淮汝徑自徐州入海全無交涉禹貢云彭蠡既瀦陽鳥攸居三江既入震澤底定以對文言則彭蠡水之所瀦三江水之所入非入于震澤也震澤上源皆山環之了無大川震澤之委乃多大川亦莫知孰為三江者蓋三江之水無所入則震澤壅而為害三江之水有所入然后震澤底定此水之理也

海州東海縣西北有二古墓圖誌謂之黃兒墓有一石碑已漫滅不可讀莫知黃兒者何人石延年通

判海州因行縣見之曰漢二疏東海人此必其基也遂謂之二疏墓刻碑于其傍後人又收入圖經余按疏廣東海蘭陵人蘭陵今屬沂州承縣今東海縣乃漢之贛榆自屬瑯琊郡非古之東海也今承縣東四十里自有疏廣墓其東又二里有疏受墓延年不講地誌但見今謂之東海縣遂以二疏名之極為乖誤大凡地名如此者至多無足紀者此乃余初仕為沭陽主簿日始見圖經中增此事後世不知其因徃徃以為實録謾誌于此以見天下地書皆不可堅信其北又有孝女塚廟貌甚盛

著在祀典孝女亦東海人贛榆既非東海故境則
孝女塚廟亦後人附會縣名為之耳
楊文公談苑記江南後主患清暑閣前草生徐鍇令
以桂屑布磚縫中宿草盡死謂呂氏春秋云桂枝
之下無雜木蓋桂枝味辛螫故也然桂之殺草木
自是其性不為辛螫也雷公炮炙論云以桂為丁
以釘木中其木即死一丁至微未必能螫大木自
其性相制耳
天下地名錯亂乖謬率難考信如楚章華臺亳州城
父縣陳州商水縣荊州江陵長林監利縣皆有之

乾谿亦有數處據左傳楚靈王七年成章華之臺與諸侯落之杜預注章華臺在華容城中華容即今之監利縣非岳州之華容也至今有章華故臺在縣郭中與杜預之說相符亳州城父縣有乾谿其側亦有章華臺故臺基下往往得人骨云楚靈王戰死于此商水縣章華之側亦有乾谿薛琮注張衡東京賦引左氏傳乃云楚子成章華之臺于乾谿皆誤說也左傳實無此文章華與乾谿原非一處楚靈王十二年王狩于州來使蕩侯潘子司馬督囂尹午陵尹喜帥師圍徐以懼吳王次于乾

谿此則城父之乾谿靈王八年許遷于夷者乃此地十三年公子比為亂使觀從從師于乾谿王衆潰靈王亡不知所在平王即位殺囚衣之王服而流諸漢乃取葬之以靖國人而赴以乾谿靈王實縊于芋尹申亥氏他年申亥以王柩告乃改葬之而非死于乾谿也昭王二十七年吳伐陳王師師救陳次于城父將戰王卒于城父而春秋又云弑其君于乾谿則後世謂靈王實死于是理不足恠也

今人守郡謂之建麾盖謂顏延年詩一麾乃出守此

誤也延年謂一麾者乃指麾之麾如武王右秉白旄以麾之麾非旌麾之麾也延年阮始平詩云屢薦不入官一麾乃出守者謂山濤荐咸吏部郎三上武帝不用後為荀勗一擠遂出始平故有此句延年被擯以此自託耳自杜牧為登樂遊原詩云擬把一麾江海去樂遊原上望昭陵始謬用一麾自此遂為故事

除拜官職謂除其舊籍不然也除猶易也以新易舊曰除如新舊歲之交謂之歲除易除戎器戒不虞以新易弊所以備不虞也皆謂之除者自下而上

亦更易之義

世人畫韓退之小面而美髯著紗帽此乃江南韓熙載耳尚有當時所畫題誌甚明熙載謚文靖江南人謂之韓文公因此遂謬以為退之退之肥而寡髯元豐中以退之從享文宣王廟郡縣所畫皆是熙載後世不復可辯退之遂為熙載矣

今之數錢百錢謂之陌者借陌字用之其實只是百字如什與伍耳唐自皇甫鎛為墊錢法至昭宗末乃定八十為百漢隱帝時三司使王章每出官錢又減三錢以七十七為百輸官仍用八十至今輸

官錢有用八十陌者唐書開元錢重二銖四參今蜀郡亦以十參為一銖參者古之絫字恐相傳之誤耳

前史稱嚴武為劍南節度使放肆不法李白為之作蜀道難按孟棨所載白初至京師賀知章聞其名首詣之白出蜀道難讀未畢稱嘆數四時乃天寶初也此時白已作蜀道難嚴武為劍南乃在至德以後肅宗時年代甚遠蓋小說所記各得於一時見聞本末不相如率多舛誤皆此文之類李白集中稱刺章仇兼瓊與唐書所載不同此唐書誤也

舊尚書禹貢云雲夢土作乂太宗皇帝時得古本尚書作雲土夢作乂詔改禹貢從古本余按孔安國註雲夢之澤在江南不然也據左傳吳人入郢楚子涉睢濟江入于雲中王寢盜攻之以戈擊王王奔鄖楚子自郢西走涉睢則當出于江南其後涉江入于雲中遂奔鄖鄖則今之安州涉江而後至雲入雲然後至鄖則雲在江北也左傳曰鄭伯如楚王以田江南之夢杜預註云楚之雲夢跨江南北曰江南之夢則雲在江北明矣元豐中余自隨州道安陸入于漢口有景陵主簿郭思者能言漢

沔閒地理亦以謂江南為夢江北為雲余以左傳驗之思之說信然江南則今之公安石首建寧等縣江北則玉沙監利景陵等縣乃水之所委其地最下江南二浙水出稍高雲方土而夢已作乂矣此古本之為允

夢溪筆談全編卷四

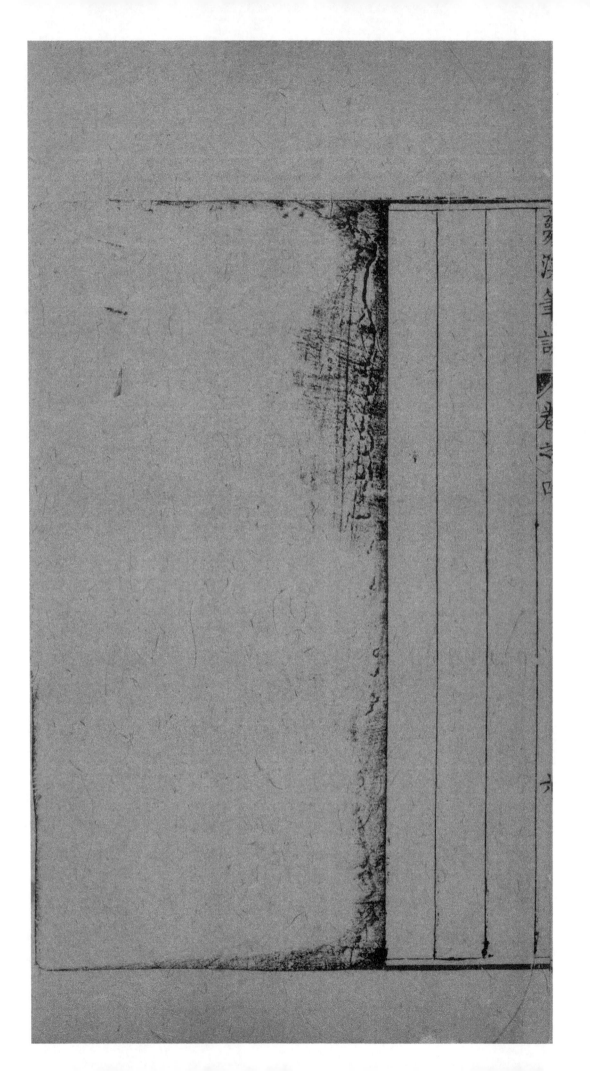

夢溪筆談全編卷五

沈括存中述

樂律一

周禮凡樂圜鍾為宮黄鍾為角太簇為徵姑洗為羽若樂六變則天神皆降可得而禮矣函鍾為宮太簇為角姑洗為徵南吕為羽若樂八變即地祇皆出可得而禮矣黄鍾為宮大吕為角太簇為徵應鍾為羽若樂九變則人鬼可得而禮矣凡聲之高下列為五等以宫商角徵羽名之為之主者曰宫次二曰商次三曰角次四曰徵次五曰羽此謂之

序名可易序不可易圜鍾為宮則黃鍾乃第五羽聲也今則謂之角雖謂之角名則易矣其實第五之聲安能變哉强謂之角而已先王為樂之意蓋不如是也世之樂異乎郊廟之樂者如圜鍾為宮則林鍾角聲也樂有用林鍾者則變而用黃鍾此祀天神之音云耳非謂能易羽以為角也函鍾為宮則太簇徵聲也樂有用太簇者則變而用姑洗此求地祇之音云耳非謂能易羽以為徵也黃鍾為宮則南呂羽聲也樂有用南呂者則變而用應鍾此求人鬼之音云耳非謂能變均外閏聲以為

羽也應鍾黃鍾宮之變徵文武之世不用二變聲所以在均外鬼神之情當以類求之朱紘越席大羮明酒所以交於冥漠者異乎養道此所以變其律也聲之不用商先儒以謂惡殺聲也黃鍾之太簇函鍾之南宮皆商也是殺聲未嘗不用也所以不用商者商中聲也宮生徵徵生商商生羽羽生角故商為中聲降與上下之神虛其中聲人聲也遺乎人聲所以致一于鬼神也宗廟之樂宮為之先其次角又次徵又次羽宮角徵羽相次者人樂之叙也故以之求神鬼世樂之叙宮商角徵羽此但無商耳其餘悉用此人樂之叙也何以知宮為先其次角又次徵又次羽以律呂次叙知之也黃鍾最長大呂次長太簇又

次應鍾最短此其叙也圓丘方澤之樂皆以角為先其次徵又次宮又次羽始于角木木生火火生土土生水水生木越金不用商也木火土水相次者天地之叙故以之禮天地五行之叙木生火火生土土生金金生水水此但不用金耳其餘悉用此叙天地之叙也何以知其角為先其次徵又次宮又次羽以律呂次叙知之也黃鍾最長太蔟次長圜鍾又次姑洗又次函鍾又次南呂最短此其叙也此四音之叙也天之氣始于子故先以黃鍾天之功畢于三月故終之以姑洗地之功見于正月故先之以太蔟畢于八月故終之以南宮幽陰之氣鍾於北方人之所終歸鬼之所藏也故先之以黃鍾終之以應鍾此三樂之始終也

角者物生之始也徵者物之成羽者物之終天之氣始於十一月至于正月萬物萌動地功見處則天功之成也故地以太簇為角天以太簇為徵三月萬物悉達天功畢處則地功之成也故天以姑洗為羽地以姑洗為徵八月生物盡成地之功終焉故南呂以為羽圜丘樂雖以圜鍾為宮而曰乃奏黄鍾以祀天神方澤樂雖以函鍾為宮而曰乃奏太簇以祭地祇蓋圜丘之樂始于黄鍾方澤之樂始于太簇也天地之樂止是世樂黄鍾一均耳以此黄鍾一均分為天地二樂黄鍾之均黄鍾為宮太簇為商姑洗為角林鍾為方澤樂而已唯圜鍾一律不在均內天功畢于三月則宮聲自合在徵之後羽之前正當用夾鍾也二樂何以專用黄鍾一均蓋黄鍾正均也樂之全体非十一均之類也故漢志自黄鍾為宮則皆以

正聲應有無忽微他律雖當其月為宮則和應之
律有空積忽微不得其正其均起十一月終于八
月統一歲之事也他均則各主一月而已古樂有
下徵調沈休文宋書曰下徵調法黃鍾為宮南呂
為商林鍾本正聲黃鍾之徵變謂之下徵調馬融
長笛賦曰反商下徵每各異善謂南呂本黃鍾之
羽變為下徵之商皆以黃鍾為主而已此天地相與之叙也人鬼始
于正北成于東北終于西北萃于幽陰之地也始
于十一月而成于正月者幽陰之魄稍出于東方
也全處幽陰則不與人接稍出于東方故人鬼可
得而禮也終則復歸于幽陰復其常也唯羽聲獨
遠於他均者世樂始于十一月終于八月者天地
歲事之一終也鬼道無窮非若歲事之有卒故盡

十二律然後終事充追遠之道厚之至也此廟樂之始終也人鬼盡十二律為義則始于黃鍾終于應鍾以宮商角徵羽為叙則始于宮聲自當以黃鍾為宮也天神始于黃鍾終于姑洗以木火土金水為叙則宮聲當在太簇徵之後姑洗羽之前則自當以圜鍾為宮也地祇始于太簇終于南呂以木火土金水為叙則宮聲當在姑洗徵之後南呂羽之前中間唯函鍾當均自當以函鍾為宮也天神用圜鍾之後姑洗之前唯有一律自然合用也不曰夾鍾而曰圜鍾者以天躰言之也不曰林鍾曰函鍾者以天道言之也黃鍾無異名人道也此三律為宮次叙定理非

可以意鑿也圖鍾六變函鍾八變黃鍾九變同會于卯卯者昏明之交所以交上下通幽明合人神故天神地祇人鬼可得而禮也自辰以往常在晝自寅以來常在夜故卯為昏明之交當其中間晝夜夾之故謂之夾鍾黃鍾一變為林鍾再變為太簇三變南呂四變姑洗五變應鍾六變蕤賓七變大呂八變夷則九變夾鍾函鍾一變為太簇再變為南呂三變姑洗四變應鍾五變蕤賓六變大呂七變夷則八變夾鍾也圜鍾一變為無射再變為中呂三變為黃鍾清宮四變合至林鍾林鍾無清宮至太簇清宮為四變五變合至南呂南宮無清宮直至大呂清宮為五變六變合至夷則夷則無清宮直至夾鍾清宮為六變也十二律黃鍾大呂太簇夾鍾四律有清宮總謂之十六律自姑洗至應鍾八律皆無清宮但屬位而已此皆天理不可易者古人以為難知蓋不深索之聽其聲求其義

考其序無毫髮可移此所謂天理也一者人鬼以宮商角徵羽為序者二者天神三者地祇皆以木火土金水為序者四者以黃鍾一均分為天地二樂者五者六變八變九變皆會于夾鍾者

六呂三曰鍾三曰呂夾鍾林鍾應鍾大呂中呂南呂鍾與呂常相間常相對六呂之間復自有陰陽者納音之法申子辰巳酉丑為陽紀寅午戌亥卯未為陰紀亥卯未曰夾鍾林鍾應鍾陽中之陰也黃鍾者陽之所鍾也夾鍾林鍾應鍾陰之所鍾也故皆謂之鍾巳酉丑大呂中呂南呂陰中之陽也呂助也能時出而

助陽也故皆謂之呂

漢志陰陽相生自黃鍾始而左旋八八為伍八八為伍者謂一上生與一下生相間如此則自大呂以後律數皆差須自蕤賓再上生方得本數此八八為伍之誤也或曰律無上生呂之理但當下生而用濁倍二說皆通然至蕤賓清宮生大呂清宮又當再上生如此時上時下即非自然之數不免牽合矣自子至巳為陽律陽呂自午至亥為陰律陰呂凡陽律陽呂皆下生陰律陰呂皆上生故巳方之律謂之中呂言陰陽至此而中也中呂當讀如本字作仲非

也至午則謂之蕤賓陽常爲主陰常爲賓蕤賓者陽至此而爲賓也納音之法自黄鍾相生至于中吕而中謂之陽紀自蕤賓相生至于應鍾而終謂之陰紀蓋中吕爲陰陽之中子午爲陰陽之分也

漢志言數曰太極元氣函三爲一極中也元始也行於十二辰始動於子參之於丑得三又參之於寅得九又參之於卯得二十七歷十二辰得十七萬七千一百四十七此陰陽合德氣鍾於子化生萬物者也殊不知此乃求律吕長短體筭立成法耳别有何義爲史者但見其數浩博莫測所用乃曰

此陰陽合德化生萬物者也嘗有人於土中得一朽骸揭帛裄不識持歸以示鄰里大小聚觀莫不怪愕不知何物後有一書生過見之曰此靈物也吾聞防風氏身長三丈骨節專車此防風氏脛骨也鄉人皆喜築廟祭之謂之脛廟班固此論亦近乎脛廟也

吾聞羯鼓錄序羯鼓之聲云透空碎遠極異衆樂唐羯鼓曲今唯有邠州一父老能之有大合蟬滴滴泉之曲余在鄜延時尚聞其聲涇原承受公事楊元孫因奏事回有旨令召此人赴闕元孫至邠而

其人已死羯鼓遺音遂絕今樂部中所有但名存而已透空碎遠了無餘迹唐明帝與李龜年論羯鼓云杖之弊者四櫃用力如此其為藝可知也唐之杖鼓本謂之兩杖鼓兩頭皆用杖今之杖鼓一頭以手拊之則唐之漢震第二鼓也明帝宋開元府皆善此鼓其曲多獨奏如鼓笛曲是也今時杖鼓當時只是打柏鮮有專門獨奏之妙古曲悉皆散亡頃年王師南征得黃帝炎一曲于交趾乃杖鼓曲也（炎或作鹽）唐曲有突厥鹽阿鵲鹽施肩吾詩云顛狂楚客歌成雪媚賴吳娘笑是鹽蓋當時語也

今杖鼓譜中有炎杖聲元稹連昌宮詞有逡巡大遍涼州徹所謂大遍者有序引歌𣰽嗺哨催攧袞破行中腔踏歌之類凡數十解每解有數疊者裁截用之則謂之摘遍今人大曲皆是裁用悉非大遍也

鼓吹部有拱辰管即古之叉手管也太宗皇帝賜今名

邊兵每得勝回則連隊抗聲凱歌乃古之遺音也凱歌詞甚多皆市井鄙俚之語余在鄜延時製數十曲令士卒歌之今粗記得數篇其一先取山西十

二州別分子將打銜頭回看秦塞低如馬漸見黃
河直北流其二天威卷地過黃河萬里羌人盡漢
歌莫堰黃山倒流水從教西去作恩波其三馬尾
胡琴隨漢車曲聲猶自怨单于彎弓莫射雲中鴈
歸鴈如今不寄書其四旗隊渾如錦繡堆銀裝背
嵬打回回先教淨掃安西路待向河源飲馬來其
五靈武西凉不用圍蕃家總待納王師城中半是
關西種猶有當時軋吃兒吃根勿反
柘枝舊曲遍數極多如羯鼓録所謂渾脫解之類今
無復此遍寇萊公好柘枝舞會客必舞柘枝每舞

必盡日時謂之柘枝頗令鳳翔有一老尼猶是莱公時柘枝妓云當時柘枝尚有數十遍今日所舞柘枝比當時十不得二三老尼尚能歌其曲好事者往往傳之古之善歌者有語謂當使聲中無字字中有聲凡曲只是一聲清濁高下如縈纏耳字則有喉脣齒舌等音不同當使字字舉本皆輕圓悉融入聲中令轉換處無磊磈此謂聲中無字古人謂之如貫珠今謂之善過度是也如宫聲字而曲合用商聲則能轉宫為商歌之此字中有聲也善歌者謂之内裏聲不善歌者聲無抑揚謂之念

曲聲無含韞謂之叶曲

五音宮商角為從聲徵羽為變聲從謂律從律呂從呂變謂以律從呂以呂從律故從聲以配君臣民尊卑有定不可相踰聲以為事物則或遇於君聲無嫌（六律為君聲則商角皆以律應徵羽以呂應 六呂為君聲則商角皆以呂應徵羽以律應）加變徵則從變之聲已瀆矣隋柱國鄭譯始條具之均展轉相生為八十四調清濁混淆紛亂無統競為新聲自後又有犯聲側聲正殺寄殺偏字傍字雙字半字之法從變之聲無復條理矣外國之聲前世自別為四夷樂自唐天寶十三載始詔法

曲與胡部合奏自此樂奏全失古法以先王之樂為雅樂前世新聲為清樂合胡部者為宴樂古詩皆詠之然後以聲依詠以成曲謂之協律其志安和則以安和之聲詠之其志怨思則以怨思之聲詠之故治世之音安以樂則詩與志聲與曲莫不安且樂亂世之音怨以怒則詩與志聲與曲莫不怨且怒此所以審音而知政也詩之外又有和聲則所謂曲也古樂府皆有聲有詞連屬書之如曰賀賀賀何何何之類皆和聲也今管絃之中纏聲亦其遺法也唐人乃以詞填入曲中不復用和聲

此格雖云自王涯始然正元元和之間爲之者已多亦有在涯之前者又小曲有咸陽沽酒寶釵空之句云是李白所製然李白集中有清平樂詞四首獨只是詩而花間集所載咸陽沽酒寶釵空乃云是張泌所爲莫知孰是也今聲詞相從唯里巷間歌謠及陽關擣練之類稍類舊俗然唐人填曲多詠其曲名所以哀樂與聲尚相諧會今人則不復知有聲矣哀聲而歌樂詞樂聲而歌怨詞故語雖切而不能感動人情由聲與意不相諧故也

古樂有三調聲謂清調平調側調也王建詩云側商

調東唱伊州是也今樂部中有三調樂品皆短小其聲噍殺唯道調小石法曲用之雖謂之三調樂皆不復辯清平側聲但比他樂特為煩數耳唐獨異志云唐承隋亂樂簴散亡獨無徵音李嗣真密求得之聞弩營中砧聲求得喪車一鐸入振之於東南隅果有應者掘之得石一段裁為四具以補樂簴之闕此妄也聲在短長厚薄之間故考工記磬氏為磬已上則磨其旁已下則磨其端磨其毫末則聲隨而變豈有帛砧裁琢為磬而尚存故聲哉兼古樂宮商無定聲隨律命之迭為宮徵嗣真

必嘗為新磬好事者遂附益為之說既云裁為四
具則是不獨補徵聲也
國史纂異云潤州曾得玉磬十二以獻張率更叩其
一曰晋某歲所造也是歲閏月造磬者法月數當
有十三宜於黄鍾東九尺掘必得焉從之果如其
言此妄也法月律為磬當依節氣閏月自在其間
閏月無中氣豈當月律此懵然者為之也扣其一
安知其是晋某年所造既淪陷在地中豈暇復按
方隅尺寸埋之此欺誕之甚也
霓裳羽衣曲劉禹錫詩云三鄉陌上望仙山歸作霓

裳羽衣曲又王建詩云聽風聽水作霓裳白樂天詩註云開元中西涼府節度使楊敬述造鄭愚津陽門詩註云葉法善嘗引上入月宮聞仙樂及上歸但記其半遂於笛中寫之會西涼府都督楊敬述進婆羅門曲與其聲調相符遂以月中所聞為散序用敬述所進為其腔而名霓裳羽衣曲諸說各不同今蒲中逍遙樓楣上有唐人横書類梵字相傳是霓裳譜字訓不通莫知是非或謂今燕部有獻仙音曲乃其遺聲然霓裳本謂之道調法曲今獻仙音乃小石調耳未知孰是

虞書曰戞擊鳴球搏拊琴瑟以詠祖考来格鳴球非可以戞和之至詠之不足有時而至于戞且擊琴瑟非可以搏拊和之至詠之不足有時而至于搏且拊所謂手之舞之足之蹈之而不自知其然和之至則宜祖考之来格也和之生於心其可見者如此後之為樂者文備而實不足師之志主於中節奏諧聲律而已古之樂師皆通於天下之志故其哀樂成於心然後宜於聲則必有形容以表之故樂有志聲有容其所以感人深者不獨出於器而已

新五代史書唐昭宗幸華州登齊雲樓西北顧望京師作菩薩蠻辭三章其卒章曰野煙生碧樹陌上行人去安得有英雄迎歸大内中今此辭墨本猶在陝西一佛寺中紙札甚草草余頃年過陝曾一見之後人題跋多盈巨軸矣

世稱善歌者皆曰郢人郢州至今有白雪樓此乃因宋玉問曰客有歌於郢中者其始曰下里巴人次為陽阿薤露又為陽春白雪引商刻羽雜以流徵遂謂郢人善歌殊不考其義其曰客有歌於郢中者則歌者非郢人也其曰下里巴人國中屬而和

者數千人陽阿薤露和者數百人陽春白雪和者
不過數十人引商刻羽雜以流徵則和者不過數
人而已以楚之故都人物猥盛而和者止於數人
則為不知歌甚矣故王以此自況陽春白雪皆郢
人所不能也以其所不能者名其俗豈非大誤哉
襄陽耆舊傳雖云楚有善歌者歌陽菱白露朝日
魚麗和之者不過數人復無陽春白雪之名又今
郢州本謂之北郢亦非古之楚都或曰楚都在今
宜城界中有故墟尚在亦不然也此鄀也非郢也
據左傳楚成王使鬬宜申為商公沿漢泝江將入

郢王在渚宮下見之沿漢至于夏口然後泝江則郢當在江上不在漢上也又在渚宮下見之則渚宮蓋在郢也楚始都丹陽在今枝江文王遷郢昭王遷鄀皆在今江陵境中杜預註左傳云楚國今南郡江陵縣北紀南城也謝靈運鄴中集詩云南登宛郢城今江陵北十二里有紀南城即古之郢都也又謂之南郢

六十甲子有納音鮮原其意蓋六十律旋相為宮法也一律含五音十二律納六十音也凡氣始於東方而右行音起於西方而左行陰陽相錯而生變

化所謂氣始於東方者四時始于木布行傳于火火傳于土土傳于金金傳于水所謂音始於西方者五音始于金左旋傳于火火傳于木木傳于水水傳于土（納音與易納甲同法乾納甲而坤納癸始於乾而終于坤納音始于金金乾也終于土土坤也）納音之法同類娶妻隔八生子（此漢志語也）律呂相生之法也五行先仲而後孟孟而後季此遁甲三元之紀也甲子金之仲（黃鍾之商）同位娶乙丑（太呂之商同位謂甲與乙丙與丁之類下皆倣此）隔八下生壬申金之孟（夷則之商隔八謂八呂下生夷則也下皆倣此）壬申同位娶癸酉（南呂之商）隔八上生庚辰金之季（姑洗之商此今三元終若只以陽辰言之則依遁甲逆傳

仲孟季各兼妻言之則順傳孟仲季也庚辰同位娶辛巳仲呂之商隔八下生戊子火之仲黃鍾之徵金三元終則左行傳南火也戊子娶己丑太呂之徵生丙申火之孟夷則之徵丙申娶丁酉南呂之徵生甲辰火之季姑洗之徵甲辰娶乙巳中呂之徵生壬子木之仲黃鍾之角大三元終則左行傳于東方木如是左行至于丁巳中呂之宮五音一終復自甲午金之仲娶乙未隔八生壬寅一如甲子之法終於癸亥謂蕤賓娶林鍾上生太簇之類耳至于己為陽故自黃鍾至於中呂皆下生自午至為亥為陰故自林鍾至于應鍾皆上生予於樂論敘之甚詳此不復紀甲子乙丑金與甲午乙未金雖同然甲子乙丑為陽律陽

律皆下生甲午乙未為陽呂陽呂皆上生六十律相反所以分為一紀也

今太常鍾鎛皆於甬本為紐謂之旋蟲側垂之皇祐中杭州西湖側發地得一古鍾匾而短其枚長幾半寸大畧制度如鳧氏所載唯甬乃中空甬半以上差小所謂衡者予細考其制亦似有義甬所以中空者疑鍾縻自其中垂下當衡甬之間以横括挂之横括疑所謂旋蟲也今考其名竹筩之筩文從竹從甬則甬近乎空甬半以上微小者所以礙横括以其横括所在也則有衡之義也其横括之形似蟲而可旋是所謂旋蟲以今之鍾鎛校之此

衘角中空則猶小於角者乃㪊礙橫括似有所因彼衘角俱實則衘小於角似無所因又以其括之橫於其中也則宜有衘義實角直上植之而謂之衘者何義又橫括以其可旋而有蟲形或可謂之旋蟲今鍾則實其紐不動何緣得旋名若以側垂之其鍾可以揨蕩旋轉則鍾常不定擊者安能常當其燧此皆可疑未知孰是其鍾今尚在錢塘予群從家藏之

海州士人李慎言嘗夢至一處水殿中觀宮女戲毬山陽蔡繩為之傳叙其事甚詳有拋毬曲十餘闋

詞皆清麗令獨記兩闋侍燕黄昏曉未休玉堦夜
色月如流朝来自覺承恩醉笑倩傍人認繡毬堪
恨隋家幾帝王舞裀揉盡繡鴛鴦如今重到抛毬
處不是金爐舊日香

盧氏雜説韓皐謂稽康琴曲有廣陵散者以王陵母
丘儉輩皆是廣陵敗散言魏散亡自廣陵始故名
其曲曰廣陵散以余考之散自是曲名如操弄摻
淡序引之類故潘岳笙賦輟張女之哀彈流廣陵
之名散又應璩與劉孔才書云聽廣陵之清散知
散為曲名明矣或者康借此名以諷時事散取

曲名廣陵乃其所命相附為義耳

馬融笛賦云裁以當簻便易持李善註謂簻馬策也裁笛以當馬簻故便易持此謬説也笛安可為馬策簻管也古人謂樂之管為簻故潘岳笙賦云脩簻内辟餘簫外逶裁以當簻者餘器多裁衆簻以成音此笛但裁一簻五音皆具簻之工不假繁猥所以便而易持也

笛有雅笛有羌笛其形制所始舊説皆不同周禮笙師掌教箎篴或云漢武帝時丘仲始作笛又云起於羌人後漢馬融所賦長笛空洞無底剡其上孔

五孔一孔出其背正似今之尺八李善為之註云
七孔長一尺四寸此乃今之橫笛耳太常鼓吹部
中謂之橫吹非融之所賦者融賦云易京君明識
音律故本四孔加以一君明所加孔後出是謂商
聲五音畢沈約宋書亦云京房備其五音周禮笙
師註杜子春云篴乃今時所吹五空竹篴以融約
所記論之則古篴不應有五孔則子春之說亦未
為然今三禮圖畫篴亦橫設而有五孔又不知出
何典據

琴雖用桐然須多年木性都盡聲始發越予曾見唐

初路氏琴木皆枯朽殆不勝指而其聲愈清又常見越人陶道真畜一張越琴傳云古塚中敗棺杉木也聲極勁挺吳僧智和有一琴瑟瑟微碧紋石為軫制度音韻皆臻妙腹有李陽冰篆數十字其略云南溟島上得一木名伽陀羅紋如銀屑其堅如石命工斵為此琴篆文甚古勁琴材欲輕鬆脆滑謂之四善木堅如石可以製琴亦所未曉也投荒敘云瓊管多烏㵟呫陀皆奇木疑陀羅即呫陀也

高郵人桑景舒性知音聽百物之聲悉能占其灾福

尤善樂律舊傳有虞美人草聞人作虞美人曲則枝葉皆動他曲不然景舒試之誠如所傳乃詳其曲聲曰皆吴音也他日取琴試用吴音制一曲對草鼓之枝葉亦動乃謂之虞美人操其聲調與虞美人曲全不相近始末無一聲相似者而草輙應之與虞美人曲無異者律法同管也其知音臻妙如此景舒進士及第終於州縣官今虞美人操盛行於江吴間人亦莫知其如何為吴音

夢溪筆談全編卷六

沈括　存中　述

樂律二

前世遺事時有於古人文章中見之元稹詩有琵琶宮調八十一三調絃中彈不出琵琶共有八十四調蓋十二律各七均乃成八十四調稹詩言八十一調人多不喻所謂余於金陵丞相家得唐賀懷智琵琶譜一冊其序云琵琶八十四調內黄鍾太簇林鍾宮聲絃中彈不出須管色定絃其餘八十一調皆以此三調為準更不用管色定絃始喻稹

詩言如今之調琴須先用管色合字定宮絃乃以宮絃下生徵徵絃商上上下相生終於少商凡下生者隔二絃上生者隔一絃取之凡絃聲皆當如此古人仍須以金石為準商頌依我磬聲是也今人苟簡不復以絃管定聲故其高下無準出於臨時懷智琵琶譜調格與今樂全不同唐人樂學精深尚有雅律遺法今之燕樂古聲多亡而新聲大率皆無法度樂工自不能言其義如何得其聲和今教坊燕樂比律高一均弱合字比太簇微下却以凡字當宮聲比宮之清宮微高外方樂尤無法求

體又高教坊一均以來唯北狄樂聲比教坊樂下二均大凡北人衣冠文物多用唐俗此樂疑亦唐之遺聲也

今之燕樂二十八調布在十一律唯黄鍾中吕林鍾三律各具宫商角羽四音其餘或有一調至二三調獨蕤賓一律都無内中管仙吕調乃是蕤賓聲亦不正當本律其間聲音出入亦不全應古法略可配合而已如今之中吕宫却是古夾鍾宫南吕宫乃古林鍾宫今林鍾商乃古無射宫今大吕調乃古林鍾羽雖國工亦莫能知其所因

十二律并清宫當有十六聲今之燕樂止有十五聲蓋今樂高於古樂二律以下故無正黄鍾聲只以合字當大吕猶差高當在大吕太簇之間下四字近太簇之高四字近夾鍾下一字近姑洗高字近中吕上字近蕤賓勾字近林鍾尺字近夷則工字近南吕高工字近無射六字近應鍾下凡字為黄鍾清高凡字為大吕清下五字為太簇清高五字為夾鍾清法雖如此然諸調殺聲不能盡歸本律故有偏殺側殺寄殺元殺之類雖與古法不同推之亦皆有理知聲者皆能言之此不備載也

古法鍾磬每簴十六乃十六律也然一簴又自應一律有黄鍾之簴有大吕之簴其他樂皆然且以琴言之雖皆清實其間有聲重者有聲軽者材中自有五音故古人名琴或謂之清徵或謂之清角不獨五音也又應諸調余友人家有一琵琶置之虚室以管色奏雙調琵琶絃輙有聲應之奏他調則不應寳之以為異物殊不知此乃常理二十八調但有聲同者即應若偏二十八調而不應則是逸調聲也古法一律有七音十二律共八十四調更細分之尚不止八十四逸調至多偶在二十八調

中人見其應則以為怪此常理耳此聲學至要妙處也今人不知此理故不能極天地至和之聲世之樂工絃上音調尚不能知何暇及此

夢溪筆談全編卷六

夢溪筆談全編卷七

沈括　存中　述

象數一

開元大衍曆法最為精密歷代用其朔法至熙寧中考之曆已後失五十餘刻而前世曆官皆不能知奉元曆乃移其閏朔熙寧十年天正元用午時新曆改用子時閏十二月改為閏正月四夷朝貢者用舊曆比來款塞衆論謂氣至無顯驗可據因此以搖新曆事下有司考定凡立冬晷景與立春之景相若者也今二景短長不同則知天正之氣偏

也凡移五十餘刻立冬立春之景方停以此為驗

論者乃屈元會使人亦至曆法遂定

六壬天十二辰亥曰登明（避仁宗嫌名）為正月將戌曰天魁為二月將古人謂之合神又謂之太陽過宫合神者正月建寅合在亥二月建卯合在戌之類太陽過宫者正月日躔娵訾二月日躔降婁之類二說一也此以顓帝曆言之也今則分為二說者蓋日度隨黄道歲差今太陽至雨水後方躔娵訾春分後方躔降婁若用合神則須自立春日便用亥將驚蟄便用戌將今若用太陽則不應合神用合

神則不應太陽以理推之發課皆用月將加正時
如此則須當從太陽過宮若不用太陽躔次則當
日當時日月五星支干二十八宿皆不應天行以
此决知須用太陽也然尚未是盡理若盡理言之
并月建亦須移易緣目今斗杓昏刻已不當月建
須當隨黃道歲差今則雨水後一日方合建寅春
分後四日方合建卯穀雨後五日方合建辰如此
始與太陽相符復會為一說然須大改曆法事事
釐正如東方蒼龍七宿當起于亢終于斗南方朱
鳥七宿起于牛終于奎西方白虎七宿起于婁終

于参鬼北方真武七宿起于東井終于角如此曆法始正不止六壬而已

六壬天十二辰之名古人釋其義曰正月陽氣始達呼召萬物故曰登明二月物生根魁故曰天魁三月華蘗從根而生故曰從魁四月陽極無所傳故曰傳送五月草木茂盛踰於初生故曰勝先六月萬物小盛故曰小吉七月百穀成實自能任持故曰太一八月枝葉堅剛故曰天罡九月木可為枝榦故曰太衝十月萬物登成可以會計故曰功曹十一月月建在子君復其位故曰大吉十二月為

酒醴以報百神故曰神后此說極無稽據義理余按登明者正月三陽始兆于地上見龍在田天下文明故曰登明天魁者斗魁第一星也斗魁第一星抵于戌故曰天魁從魁者斗魁第二星也斗魁第二星抵于酉故曰從魁（斗杓一星建方斗魁二星建力一星抵戌一星抵酉）傳送者四月陽極將退一陰欲生故傳陰而送陽也小吉夏至之氣大往小来小人道長小人之吉也故為婚姻酒食之事勝先者王者向明而治萬物相見乎此莫勝莫先焉太一者大微垣所在太一所居也天罡者斗剛之所建也（斗杓謂之剛蒼龍第一星）

亦謂之剛與斗剛相直太衝者日月五星所出之門户天之衝也功曹者十月歲功成而會計也大吉者冬至之氣小往大来君子道長大人之吉也故主文武大臣之事十二月子位北方之中上帝所居也神后帝君之稱也天十二辰也故皆以天事名之

六壬有十二神將以義求之止合有十一神將貴人為之主其前有五將謂螣蛇朱雀六合勾陳青龍也此木火之神在方左者方左謂寅卯辰巳午其後有五將謂天后太陰真武太常白虎也此金水之神在方右者方右謂未申酉亥子唯貴人相對無物如日之在天月

對則鬭五星對則逆行避之莫敢當其對貴人亦然莫有對者故謂之天空空者無所有也非神將也猶月殺之有月空也以之占事吉凶皆空唯求對見及有所伸理于君者遇之乃吉十一將前二火二木一土間之後當二金二水一土間之真武合在后二太陰合在后三今二神差互理似可疑也

事以辰名者為多皆本于辰巳之辰今略舉數事十二支謂之十二辰一時謂之一辰一日謂之一辰日月星謂之三辰北極謂之北辰大火謂之大辰五星中有辰星皆謂之辰今考子丑至于戌亥謂之十二辰者左傳云日月之會是謂辰一歲日月

十二會于東方蒼龍角亢之舍起于辰故以所首者名之子丑戌亥既謂之辰則十二支十二時皆子丑戌亥則謂之辰無疑也一日謂之一辰者以十二支言也以十干言之謂之今日以十二支言之謂之今辰故支干謂之日辰日月星謂之三辰者日月星至于辰而畢見以其所首者名之故皆謂之辰四時所見有早晚至辰則四時畢見故日加辰為晨謂日始出之時也星有三類一經星北極為之長二舍星大火為之長三行星辰星為之長故皆謂之辰北辰居其所而衆星拱之故為經星之長大火天王之座故為舍星之長辰星日之近輔遠乎日不過一辰故為行星之長

洪範五行數自一至五先儒謂之此五行生數各益
以土數以為成數以謂五行非土不成故水生一
而成六火生二而成七木生三而成八金生四而
成九土生五而成十合之為五十有五唯黃帝素
問土生數五成數亦五蓋水火木金皆待土而成
土更無所待故止一五而已畫而為圖其理可見
為之圖者設木于東設金于西火居南水居北土
居中央四方自為生數各并中央之土以為成數
土自居其位更無所并自然止有五數蓋土不須
更待土而成也合五行之數為五十則大衍之數

也此亦有理

揲蓍之法四十九蓍聚之則一而四十九隱于一中散之則四十九而一隱于四十九中一者道也謂之無則一在謂之有則不可取四十九者用也靜則歸於一動則惟覩其用一在其間而不可取此所謂大衍之數五十其用四十有九

世之談數者盖得其麤跡然數有甚微者非巧曆所能知況此但跡而已至於感而遂通天下之故者跡不預焉此所以前知之神未易可以跡求況得其粗也余之所謂甚微之跡者世之言星者恃曆

以知之曆亦出乎億而已余於奉元曆序論之甚
詳治平中金火合于軫以崇真宣明景福明崇欽
天凡十一家大曆步之悉不合有差三十日以上
者曆豈足恃哉縱使在其度然又有行黃道之裏
者行黃道之外者行黃道之上者行黃道之下者
有循度者有失度者有犯經星者有犯客星者所
占各不同此又非曆之能知也又一時之間天行
三十餘度總謂之一宮然時有始末豈可三十度
間陰陽皆同至交他宮則頓然差別世言星曆難
知唯五行時日為可據是亦不然世之言五行消

長者止是知一歲之間如冬至後日行盈度為陽夏至後日行縮度為陰二分行平度殊不知一月之中自有消長望前月行盈度為陽望後月行縮度為陰兩弦行平度至如春木夏火秋金冬水一月之中亦然不止月中一日之中亦然素問云疾在肝寅卯患申酉劇病在心巳午患子亥劇此一日之中自有四時也安知一時之間無四時安知一刻一分一刹那之中無四時邪又安知十年百年一紀一會一元之間又豈無大四時邪又如春為木九十日間當亹亹消長不可三月三十日亥

時屬木明日子時頓屬火也似此之類亦非世法可盡者

曆法步歲之法以冬至斗建所抵至明年冬至所得辰刻表杪謂之斗分故歲文從步從戌戌者斗魁所抵也

正月寅二月卯謂之建其說謂斗杓所建不必用此說但春為寅卯辰夏為巳午未理自當然不須因斗建也緣斗建有歲差蓋古人未有歲差之法顓帝曆冬至日宿斗初今宿斗六度古者正月斗杓建寅今則正月建丑矣又歲與歲合今亦差一辰

堯典曰日短星昴今乃日短星東壁此皆隨歲差

移也

唐書云洛下閎造曆自言後八百年當差一筭至唐

一行僧出而正之此妄說也洛下閎曆法極疎盖

當時以為密耳其間闕略甚多且舉二事言之漢

世尚未知黄道歲差至北齊向子信方候知歲差

今以今古曆校之凡八十餘年差一度則閎之曆

八十年自已差一度兼餘分疎闊據其法推氣朔

五星當時便不可用不待八十年乃曰八百年差

一筭大欺誕也天文家有渾儀測天之器設于崇

臺以候垂象者則古機衡是也渾象天之器以水激之或以水銀轉之置于密室與天行相符張衡陸績所為及開元中置於武成殿者皆此器也皇祐中禮部試機衡正天文之器賦舉人皆雜用渾象事試官亦自不曉第為高等漢以前皆以北辰居天中故謂之極星自祖亘以機衡考驗天極不動處乃在極星之末猶一度有餘熙寧中余受詔典領曆官雜考星曆以機衡求極星初夜在窺管中少時復出以此知窺管小不能容極星遊轉乃稍稍展窺管候之凡歷三月極星方遊於窺管之

内常見不隱然後知天極不動處遠極星猶三度有餘每極星入窺管别畫為一圖圖為一圓規乃畫極星于規中具初夜中夜後夜所見各圖之凡為二百餘圖極星方常循圓規之内夜夜不差余於熙寧曆奏議中叙之甚詳

古今言刻漏者數十家悉皆踈謬曆家言晷漏者自顓帝曆至今見於世謂之大曆者凡二十五家其步漏之術皆未合天度余占天候景以至驗于儀象考數下漏凡十餘年方粗見真數成書四卷謂之熙寧晷漏皆非襲蹈前人之迹其間二事尤微

一者下漏家常患冬月水澀夏月水利以為水性
如此又疑水澌所壅萬方理之終不應法余以理
求之冬至日行速天運已朞而日已過表故百刻
而有餘夏至日行遲天運未朞而日已至表故不
及百刻既得此數然後覆求晷景漏刻莫不脗合
此古人之所未知也二者日之盈縮其消長以漸
無一日頓殊之理曆法皆以一日之氣短長之中
者播為刻分累損益氣初日衰每日消長常同至
交一氣則頓易刻衰故黃道有觚而不圓縱有強
為數以步之者亦非乘理用筭而多形數相詭大

凡物有定形形有真數方圓端斜定形也乘除相盪無所附益泯然冥會者真數也其術可以心得不可以言諭黃道環天正圓圓之為體循之則其妥至均不均不能中規衡絕之則有舒有數無舒數則不能成妥以圓法相盪而得衰則衰無不均以妥法相盪而得差則差有疎數相因以求從相消以求負從負相入會一術以御日行以言其變則秒刻之間消長未嘗同以言其齊則止用一衰循環無端終始如貫不能議其隙此圓法之微古之言筭者有所未知也以日衰生日積及生日衰

終始相求迭為賓主順循之以索日變衡別之求去極之度合散無迹泯如運規非深知造筭之理者不能與其微也其詳具余奏議藏在史官及余所著熙寧晷漏四卷之中

余編校昭文書時預詳定渾天儀官長問余二十八宿多者三十三度少者止一度如此不均何也予對曰天事本無度推曆者無以寓其數乃以日所行分天為三百六十五度有奇日平行三百六十五日有餘而一朞天故以一日為一度既分之必有物記之然後可窺而數於是以當度之星記之循黃道日之所行一朞當者

止二十八宿星而已度如傘橑當度謂正當傘橑上者故車蓋二十八弓以象二十八宿則予渾儀奏議所謂度不可見可見者星也日月五星之所由有星爲當度之畫者凡二十有八謂舍舍所以挈度所以生數也今所謂距度星者是也非不欲均也黃道所由當度之星止有此而已

又問予以日月之形如丸耶如扇也若如丸則其相遇豈不相礙余對曰日月之形如丸何以知之以月盈虧可驗也月本無光猶銀丸日耀之乃光耳光之初生日在其傍故光側而可見纔如鈎日漸遠則斜照而光稍滿如一彈丸以粉塗其半側視之則粉處如鈎對視之則正圓此有以知其如丸

也日月氣也有形而無質故相直而無礙
又問日月之行日一合一對而有蝕不蝕何也余對
曰黃道與月道如二環相疊而小差凡日月同在
一度相遇則日為之蝕在一度相對則月為之虧
雖同一度而月道與黃道不相近自不相侵同度
而又近黃道月道之交日月相値乃相凌掩正當
其交處則蝕而既不全當交道則隨其相犯淺深
而蝕凡日蝕當月道自外而交入于内則蝕起于
西南復于東北自内而交出于外則蝕起于西北
而復于東南日在交東則蝕其内日在交西則蝕

其外蝕既則起于正西復于正東凡月蝕月道自
外入内則蝕起于東南復于西北自内出外則蝕
起于東北而復于西南月在交東則蝕其外月在
交西則蝕其内蝕既則起于正東復于西交道每
月退一度餘凡二百四十九交而一朞故西天法
羅睺計都皆逆步之乃今之交道也交初謂之羅
睺交中謂之計都

古之卜者皆有繇辭周禮三兆其頌皆千有二百如
鳳凰于飛和鳴鏘鏘間于西社爲公室輔專之渝
攘公之羭一薰一蕕十年尚猶有臭如魚竀尾衡

流而方羊裔焉大國滅之將亡閭門塞竇乃自后
喻大橫庚庚寻為天王夏啓以光之類是也今丗
書亡矣漢人尚視其體今人雖視其體而專以五
行為主三代舊術莫有傳者
北齊向子信候天文凡月前有星則行速星多則尤
速月行自有遲速定數然遇行疾者其前必有星
如子信說亦陰陽相感自相契耳
醫家有五運六氣之術大則候天地之變寒暑風雨
水旱螟蝗率皆有法小則人之衆疾亦隨氣運盛
衰今人不知所用而膠於定法故其術皆不驗假

今厥陰用事其氣多風民病溼泄豈溥天之下皆多風溥天之民皆病溼泄邪至於一邑之間而暘雨有不同者此氣運安在欲無不謬不可得也大凡物理有常有變運氣所主者常也與夫所主者皆變也常則如本氣變則無所不至而各有所占故其候有從逆淫鬱勝復太過不足之變其法皆不同若厥陰用事多風而草木榮茂是之謂從天氣明潔燥而無風此之謂逆太虛埃昏流水不冰此謂之淫大風折木雲物濁擾此之謂鬱山澤焦枯草木凋落此之謂勝大暑燔燎螟蝗為災此之

謂復山崩地震埃昏時作此謂之太過陰森無聊重雲晝昏此之謂不足隨其所變痰癘應之皆視當時當處之候雖數里之間但氣候不同而所應全異豈可膠於一定熙寧中京師久旱祈禱備至連日重陰人謂必雨一日驟晴炎日赫然余時因事入對上問雨期余對曰雨候已見期在明日衆以謂頻日晦濛尚且不雨如此暘燥豈復有望次日果大雨是時濕土用事連日陰者從氣已效但為厥陰所勝未能成雨後日驟晴者燥金入候厥陰當折則太陰得伸明日運氣皆順以是知其必

雨此乃雷處所占也若他處候別所占亦異其造
微之妙間不容髮推此而求自臻至理

歲運有主氣有客氣常者為主外至者為客初之氣
厥陰以至終之氣太陽者四時之常叙也故謂之
主氣唯客氣本書不載其目故說者多端或以甲
子之歲天數始於水十一刻乙丑之歲始于二十
六刻丙寅歲始于五十一刻丁卯歲始于七十六
刻者謂之客氣此乃四分曆法求大寒之氣何預
歲運又有相火之下水氣承之土位之下風氣承
之謂之客氣此亦主氣也與六節相須不得為客

大率臆計率皆此類凡所謂客者歲半以前天政主之歲半以後地政主之四時常氣為之主天地之政為之客逆主之氣為害暴逆客之氣為害徐調其主客無使傷沴此治氣之法也

六氣方家以配六神所謂青龍者東方厥陰之氣其性仁其神化其色青其形長其蟲鱗兼是數者唯龍而青者可以體之然未必有是物也其他取象皆如是唯北方有二曰玄武太陽水之氣也曰螣蛇少陽相火之氣也其在於人為腎腎亦二左為太陽水右為少陽相火火降而為水水騰而為雨

露以滋五臟上下相交此坎离之交以為否泰者也故腎為壽命之藏左陽右陰左右相交此乾坤之交以生六子者也故腎為胎育之臟中央太陰土曰勾陳中央之取象唯人為宜勾陳者天子之環衛也居人之中莫如君何以不取象於君君之道無所不在不可以方言也環衛居人之中央而中虛者也虛者妙萬物之地也在天文星辰皆居四傍而中虛八卦分布八方而中虛不虛不足以妙萬物其在於人勾陳之配則脾也勾陳如環環之中則所謂黃庭也黃者中之色庭者宮之虛地

也古人以黃庭為脾不然也黃庭有名而無所沖
氣之所在也脾不能與也脾主思慮非思之所能
到也故養生家曰能守黃庭則能長生黃庭者以
無所守為守唯無所守乃可以長生或者又謂黃
庭在二腎之間又曰在心之下又曰黃庭有神人
守之皆不然黃庭者虛而妙者也強為之名意可
到則不得謂之虛豈可求而得之也哉
易象九為老陽七為少八為少陰六為老舊說陽以
進為老陰以退為老九六者乾坤之畫陽得兼陰
陰不得兼陽此皆以意配之不然也九七八六之

數陽順陰逆之理皆有所從来得之自然非意之所配也凡歸餘之數有多有少多為陰如爻之偶少為陽如爻之竒三少乾也故曰老陽九揲而得之故其數九其策三十有六兩多一少則一少為之主震坎艮也故皆謂之少陽（少在初為震中為坎末為艮）皆七揲而得之故其數七其策二十有八三多坤也故曰老陰六揲而得之故其數六其策二十有四兩少一多則多為之主巽離兌也故皆謂之少陰（多在初為巽中為離末為兌）皆八揲而得之故其數八其策三十有二物盈則變（純少陽盈純多陰盈）盈為老故老動而少

靜吉凶悔吝生乎動者也卦爻之辭皆九六者惟
動則有占不動則無朕雖易亦不能言之國語謂
貞屯悔豫皆八遇泰之八是也今人以易筮者雖
不動亦引爻辭斷之易中但有九六既不動則是
七八安淂用九六爻辭此流俗之過也

江南人鄭夬曾為一書談易其間一說曰乾坤大父
母也復姤小父母也乾一變生復得一陽坤一變
生姤得一陰乾再變生臨得二陽坤再變生遯淂
二陰乾三變生泰得四陽坤三變生否淂四陰乾
四變生大壯得八陽坤四變生觀淂八陰乾五變

生夬得十六陽坤五變生剥得十六陰乾六變生
歸妹本得三十二陽坤六變生歸妹本得三十二
陰乾坤錯綜陰陽各三十二生六十四卦夬之為
書皆荒唐之論獨有此變卦之說未知其是非余
後因見兵部侍郎秦君玠論夬所談駭然歎曰夬
何處得此法玠曾遇一異人授此數曆推往古興
衰運曆無不皆驗常恨不能盡得其術西都邵雍
亦知大略已能洞吉凶之變此人乃形之於書必
有天譴此非世人得聞也余聞其言怪無復甚祕
不欲深詰之今夬與雍玠皆已死終不知其何術

也

慶曆中有一術士姓李多巧思嘗木刻一舁鍾馗高二三尺右手持鐵簡以香餌置鍾馗左手中鼠緣手取食則左手扼鼠右手運簡斃之以獻荆王王館於門下會太史言月當蝕於昏時李自云有術可禳荆王試使為之是夜月果不蝕王大神之即日表聞詔付内侍省問狀李云本善曆術知崇天曆蝕限太弱此月所蝕當有濁中以微賤不能自通始以機巧干荆邸今又假禳禬以動朝廷耳詔送司天監考驗李與判監楚衍推步日月蝕遂加

蝕限二刻李補司天學生至熙寧元年七月日辰
蝕東方不效却是蝕限大強曆官皆坐謫令監官
周琮重修復減去慶曆所加二刻苟欲求熙寧日
蝕而慶曆之蝕復失之議久紛紛卒無巧筭遂廢
明天復行崇天至熙寧五年衛朴造奉元曆始知
舊蝕法止用日平度故在疾者過之在遲者不及
崇明二曆加減皆不曾求其所因至是方究其失
四方取象蒼龍白虎朱雀龜蛇唯朱雀莫知何物但
謂鳥而朱者羽族赤而翔上集必附木此火之象
也或謂之長離蓋云離方之長耳或云鳥即鳳也

故謂之鳳鳥少昊以鳳鳥至乃以鳥紀官則所謂
丹鳥氏即鳳也又旗旐之飾皆二物南方曰鳥隼
則鳥隼蓋兩物也然古人取象不必大物也天文
家朱鳥乃取象於鶉故南方朱鳥七宿曰鶉首鶉
火鶉尾是也鶉有兩種有丹鶉有白鶉此丹鶉也
色赤黄而文鋭上禿下夏出秋藏飛必附草皆火
類也或有魚所化者魚鱗蟲龍類火之所自生也
天文東方蒼龍七宿有角亢有尾南方朱鳥七宿
有喙有嗉有翼而無尾此其取於鶉歟
司馬彪續漢書候氣之法於密室中以木為案置十

二律琯各如其方實以葭灰覆以緹縠氣至則一律飛灰世皆疑其所置諸律方不踰數尺氣至獨本律應何也或謂古人自有術或謂短長至數冥符造化或謂支干方位自相感召皆非也蓋彪說得其略耳唯隋書志論之甚詳其法先治一室令地極平乃埋律琯皆使上齊入地則有淺深冬至陽氣距地面九寸而止唯黄鍾一琯達之故黄鍾為之應正月陽氣距地面八寸而止自太簇以上皆達黄鍾太吕先已虚故唯太簇一律飛灰如人用鍼徹其經渠則氣隨鍼而出矣地有疎密則不

能無差忒故先以木案隔之然後實土案上令堅
案均一其上以木平其槩然後埋律其下雖有疏
密為木案所節其氣自平但在調其案上之土耳
易有納甲之法未知起於何時予嘗考之可以推見
天地胎育之理乾納甲壬坤納乙癸者上下包之
也震巽坎離艮兑納庚辛戊己丙丁者六子生於
乾坤之包中如物之處胎甲者左三剛爻乾之氣
也右三柔爻坤之氣也乾之初爻交于坤生震故震
之初爻納子午乾初爻子午故也中爻交于坤生坎初爻
納寅申震納子午順傳寅申易遺順上爻交于坤生艮初爻納辰戌

亦順傳也坤之初爻交于乾生巽故巽之初爻納丑未

坤之初爻丑未故也中爻交于乾生離初爻納卯酉巽納丑未逆傳

卯酉逆逆陰上爻交于乾生兌初爻納巳亥亦逆傳也乾坤

始于甲乙則長男長女乃其次宜納丙丁少男少

女居其末宜納庚辛[illegible]此者卦必自下生先

初爻次中及末乃至上爻此易之叙然亦胎育之

理也物之處胎甲莫不倒生自下而生借卦之叙

而實合造化胎育之理此至理合自然者也凡草木百

穀之實皆倒生首系于幹其上抵于顛處反是根人與鳥獸生胎亦首皆在下

甲子寅辰　丙辰午申戌寅　戊寅辰申子戌　庚子寅辰午申　壬申午

乾　生艮　生坎　生震　乾

坤　生兌　生離　生巽　坤

乙未巳卯　丁巳卯丑亥酉未　己卯丑亥酉未巳　辛丑亥酉未巳卯　癸丑亥酉

夢溪筆談全編卷七

夢溪筆談全編卷八

沈括　存中　述

象數二

史記律書所論二十八舍十二律多皆臆配殊無義理至於言數亦多差舛如所謂律數者八十一為宮五十四為徵七十二為商四十八為羽六十四為角此止是黄鍾一均耳十二律各有五音豈得定以此為律數如五十四在黄鍾則為徵在夾鍾則為角在中呂則為商兼律有多寡之數有實積之數有短長之數有周徑之數有清濁之數其八

十一五十四七十二四十八六十四止是實積數耳又云黃鍾長八寸七分一大呂長七寸五分三分一太簇長七寸七分二夾鍾長六寸二分三分一姑洗長六寸七分四中呂長五寸九分三分二蕤賓長五寸六分二分一林鍾長五寸七分四夷則長五寸四分三分二南呂長四寸七分八無射長四寸四分三分二應鍾長四寸二分三分二此尤誤也此亦實積耳非律之長也蓋其間字又有誤者疑後人傳寫之失也餘分下分每凡七字皆當作十字誤屈其中畫耳黃鍾當作八寸十分一太簇當作七寸十分二

姑洗當作六寸十分四林鍾當作五寸十分四南呂當作四寸十分八凡言七分者皆是十分

今之卜筮皆用古書工拙繫乎用之者唯其寂然不動乃能通天下之故人未能至乎無心也則憑物之無心者而言之如灼龜璺兆皆取其無心則不隨理而震此近乎無心也

呂才為卜宅祿命卜葬之説皆以術為無驗術之不

三[illegible]信然而不知彼皆寓也神而明之存乎其人故一術二人用之則所占各異人之心本神以其不能無累而寓之以無心之物而以吾之所以神者言之此術之微雖可以俗人論也才又論人姓

或因官或因邑族豈可配以宮商此亦是也如今姓敬者或更姓文或更姓苟以文考之皆非也敬本從茍音亟從攴今乃謂之苟與文五音安在哉此為無義不待遠求而知也然既謂之寓則苟以為字皆寓也凡視聽思慮所及無不可寓者若以此為妄則凡禍福吉凶死生變化孰為非妄者能齊乎此然後可與論先知之神矣

曆法天有黃赤二道月有九道此皆強名而已非實有也亦由天之有三百六十五度天何嘗有度以日行三百六十五日而一朞強謂之度以步日月

五星行次而已日之所由謂之黃道南北極之中度最均處謂之赤道月行黃道之南謂之朱道行黃道之北謂之黑道黃道之東謂之青道黃道之西謂之白道黃道內外各四并黃道為九日月之行有遲有速難可以一術御也故因其合散分為數段每段以一色名之欲以別筭位而已如筭法用赤籌黑籌以別正負之數曆家不知其意遂以為實有九道甚可嗤也

二十八宿為其有二十八星當度故立以為宿前世測候多或改變如唐書測得畢有十七度半觜只

有半度之類皆謬說也星既不當度自不當用為宿次自是渾儀度距疎密不等耳凡二十八宿度數皆以赤道為法唯黃道度有不全度者蓋黃道有斜有直故度數與赤道不等即須以當度星為宿唯虛宿未有奇數自是日之餘分曆家取以為斗分者此也餘宿則不然

予嘗考古今曆法五星行度唯留逆之際最多差自內而進者其退必向外自外而進者其退必由內其迹如循柳葉兩末銳中間往還之道相去甚遠故兩末星行成度稍遲以其斜行故也中間成度

稍速以其徑絶故也曆家但知行道有遲速不知道徑又有斜直之異熙寧中予領太史令衛朴造曆氣朔已正但五星未有候簿可驗前世修曆多只增損舊曆而已未曾實考天度其法須測驗每夜昏曉夜半月及五星所在度秒置簿録之滿五年其間剔去雲陰及晝見日數外可得三年實行然後以筭日綴之古所謂綴術者此也是時司天曆官皆承世族隸名食禄本無知曆者惡朴之術過已群沮之屢起大獄雖終不能搖朴而候簿至今不成奉元曆五星步術但增損舊曆正其甚謬

處十得五六而已朴之曆術今古未有為群曆人所沮不能盡其藝惜哉

國朝置天文院於禁中設漏刻觀天臺銅渾儀皆如司天監與司天監互相檢察每夜天文院具有無謫見雲物禎祥及當夜星次須令於皇城門未發前到禁中門發後司天占狀方到以兩司奏狀對勘以防虛偽近歲皆是陰相計會符同寫奏習以為常其來已久中外具知之不以為怪其日月五星行次皆只據小曆所算躔度謄奏不曾占候有司但備員安禄而已熙寧中予領太史嘗按發其

歎免官者六人未幾其弊復如故

司天監銅渾儀景德中曆官韓顯符所造依倣劉曜時孔挺晁崇斛蘭之法失於簡略天文院渾儀皇祐中冬官正舒易簡所造乃用唐梁令瓚僧一行之法頗為詳備而失於難用熙寧中予更造渾儀并創為玉壺浮漏銅表皆置天文院別設官領之天文院舊銅儀送朝服法物庫收藏以備講求

夢溪筆談全編卷八

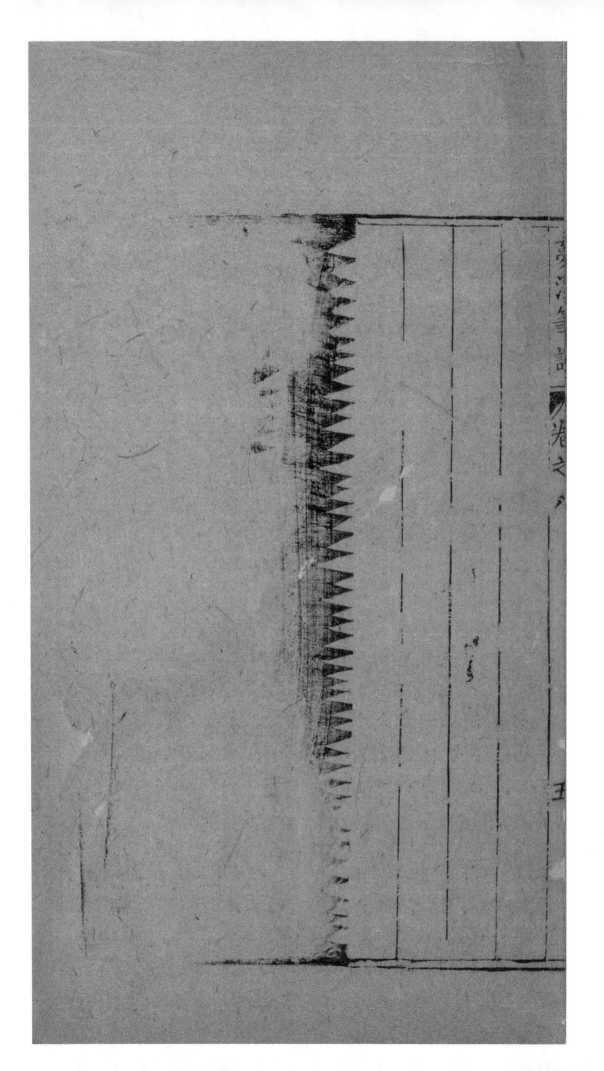

夢溪筆談全編卷九

沈括存中述

人事一

景德中河北用兵　車駕欲幸澶淵中外之論不一獨寇忠愍贊成　上意乗輿方渡河虜騎充斥至于城下人情恟恟　上使人微覘準所為而準方酣寢於中書鼻息如雷人以其一時鎮物比之謝安

武昌張諤好學能議論常自約仕至縣令則致仕而歸后登進士第除中允諤於所居營一舍榜為中

允亭以誌素約也後謂稍稍進用數年間為集賢校理直舍人院撿正中書五房公事判司農寺皆要官權任漸重無何坐事奪數官歸武昌未幾捐館遂終於太子中允豈非前定

許懷德為殿帥嘗有一舉人因懷德乳媼求為門客懷德許之舉子曳襴拜于庭下懷德據座受之人謂懷德武人不知事體密謂之曰舉人無沒揩之禮宜少降接也懷德應之曰我得打乳媼關節秀才只消如此待之

夏文莊性豪侈稟賦異於人纔睡即身冷而僵一如

逝者既覺須令人温之良久方能動亦有見其陸行兩車相連載一物巍然問之乃綿帳也以數千兩綿為之常服仙茅鍾乳硫黄莫知紀極晨朝每食鍾乳粥有小吏竊食之遂發疽幾不可救

鄭毅夫自負時名國子監以第五人選意甚不平謝主司啓事有李廣事業自謂無雙杜牧文章止得第五之句又云騏驥已老甘駑馬以先之巨鼇不靈因頑石之在上主司深銜之他日廷策主司復為考官必欲黜落以報其不遜有試業似獬者枉遭斥逐既而發考卷則獬乃第一人及第又嘉祐

中士人劉幾累為國學第一人驟為恠嶮之語學者翕然效之遂成風俗歐陽公深惡之會公主文決意痛懲凡為新文者一切弃黜時體為之一變歐陽之功也有一舉人論曰天地軋萬物茁聖人發公曰此必劉幾也戲續之曰秀才剌試官刷乃以大朱筆橫抹之自首至尾謂之紅勒帛判大紕繆字榜之既而果幾也復數年公為 御試考官而幾在庭公曰除惡務本今必痛斥輕薄子以除文章之害有一士人論曰 主上收精藏明於冕旒之下公曰吾已得劉幾矣既黜乃吳人蕭稷也

是時試堯舜性仁賦有曰故得靜而延年獨高五帝之壽動而有勇形為四罪之誅公大稱賞擢為第一人及唱名乃劉煇人有識之者曰此劉幾也易名矣公愕然久之因欲成就其名小賦有內積安行之德蓋稟於天公以謂積近於學改為蘊人莫不以公為知言

古人謂貴人多知人以其閱人物多也張鄧公為殿中丞一見王東城遂厚遇之語必移時王公素所厚唯楊大年公有一茶橐唯大年至則取茶橐具茶他客莫與也公之子弟但聞取茶橐則知大年

至一日公命取茶囊群子弟皆出窺大年及至乃
鄧公他日公復取茶囊又往窺之亦鄧公也子弟
乃問公張殿中者何人公待之如此公曰張有貴
人法不十年當據吾座後果如其言又文潞公為
太常博士通判兗州回謁呂許公公一見器之問
潞公太博曾在東魯必當別墨令取一丸墨瀕階
磨之揖潞公就觀此墨何如乃是欲從後相其背
既而密語潞公曰異日必大貴達即日擢為監察
御史不十年入相潞公自慶曆八年登相至七十
九歲以太師致仕凡帶平章事三十七年未嘗改

易名位降重福壽康寧近世未有其比

王延政據建州令大将章某守建州嘗遣部将刺事于軍前後期當斬惜其材未有以處歸語其妻其妻連氏有賢智私使人謂部将曰汝法當死急逃乃免與之銀數十兩曰徑行無顧家也部将得以潛奔投江南李主以隸查文徽麾下文徽攻延政部将適主是役城将陷先踰城中能全連氏一門者有重賞連氏使人謂之曰建民無罪将軍幸赦之妾夫婦罪當死不敢圖生若将軍不釋建民妾願先百姓死誓不獨生也詞氣感慨發於至誠

不得已為之戰兵而入一城獲全至今連氏為建安大族官至卿相者相踵皆連氏之後也又李景使大將胡則守江州江南國下曹翰以兵圍之三年城堅不可破一日則怒一饔人鱠魚不精欲殺之其妻遽止之曰士卒守城累年矣暴骨滿地柰何以一食殺士卒耶則乃捨之此卒夜縋城走投曹翰具言城中虛實先是城西南依嶮素不設備卒乃引王師自西南攻之是夜城陷胡則一門無遺類二人者其為德一也何其報效之不同

王文正太尉局量寬厚未嘗見其怒飲食有不精絜

者但不食而已家人欲試其量以少埃墨投羹中公唯啖飯而已問其何以不食羹曰我偶不喜肉一日又墨其飯公視之曰吾今日不喜飯可具粥其子弟愬於公曰庖肉為饔人所私食肉不飽乞治之公曰汝輩人料肉幾何曰一斤今但得半斤食其半為饔人所廋公曰盡一斤可得飽乎曰盡一斤固當飽曰此後人料一斤半可也其不發人過皆類此嘗宅門壞主者徹屋新之暫於廊廡下啓一門以出入公至側門門低據鞍俯伏而過都不問門畢復行正門亦不問有控馬卒歲滿辭公

公問汝控馬幾時曰五年矣公曰吾不省有汝既去復呼回曰汝乃某人乎於是厚贈之乃是逐日控馬但見背未嘗視其面因去見其背方省也

石曼卿居蔡河下西鄰有一豪家日聞歌鍾之聲其家僮僕數十人常往來曼卿之門曼卿呼一僕問豪為何人對曰姓李氏主人方二十歲並無昆弟家妾曳羅綺者數十人曼卿求欲見之其人曰郎君素未嘗接士大夫他人必不可見然喜飲酒屢言聞學士能飲酒意亦似欲相見待試問之一日果使人延曼卿曼卿即着帽往見之坐于堂上久

之方出主人者頭巾繫勒帛都不具衣冠見曼卿全不知拱揖之禮引曼卿入一別館供張赫然坐良久有二鬟妾各持一小槃至曼卿前槃中紅牙牌十餘其一槃是酒凡十餘品令曼卿擇一牌其一槃殽饌名令擇五品既而二鬟去有群妓十餘人各執殽果樂器妝服人品皆艷麗粲然一妓酌酒以進酒罷樂作群妓執果殽者萃立其前食罷則分列其左右京師人謂之軟槃酒五行群妓皆退主人者亦翩然而入略不揖客曼卿獨步而出曼卿言豪者之狀懵然愚騃殆不分菽麥而奉養

如此極可怪也他日試使人通刺重則閉門不納亦無應門者問其近鄰云其人未嘗與人往還雖鄰家亦不識面古人謂之錢癡信有之・

潁昌陽翟縣有一杜生者不知其名邑人但謂之杜五郎所居去縣三十餘里唯有屋兩間其一間自居一間其子居之室之前有空地丈餘即是籬門杜生不出籬門凡三十年矣黎陽尉孫軫曾往訪之見其人頗蕭灑自陳村民無所能何為見訪孫問其不出門之因其人笑曰以告者過也指門外一桑曰十五年前亦曾到此桑下納凉何謂不出

門也但無用於時無求於人偶自不出耳何足尚
哉問其所以為生曰昔時居邑之南有田五十畝
與兄同耕後兄之子娶婦度所耕不足贍乃以田
與兄攜妻子至此偶有鄉人借此屋遂居之唯與
人擇日又賣一藥以具饘粥亦有時不繼後子能
耕鄉人皆憐與田三十畝令子耕之尚有餘力又
為人傭耕自此食足鄉人貧以醫自給者甚多自
食既足不當更兼鄉人之利自爾擇日賣藥一切
不為又問常日何所為曰端坐耳無可為也問頗
觀書否曰二十年前亦曾觀書問觀何書曰曾有

人惠一書冊無題號其間多說淨名經亦不知淨名經何書也當時極愛其議論今亦忘之并書亦不知所在久矣氣韻閑曠言詞精簡有道之士也盛寒但布袍草履室中枵然一榻而已問其子之為人曰村童也然質性甚淳厚未嘗妄言未嘗嬉遊唯買鹽酪則一至邑中可數其行迹以待其歸徑往徑還未嘗傍遊一步也余時方有軍事至夜半未卧疲甚與官屬閑話輒遂及此不覺肅然頓忘煩勞

唐白樂天居洛與高年者八人遊謂之九老洛中士

大夫至今居者為多繼而爲九老之會者再矣元
豐五年文潞公守洛又為耆年會入為一詩命畫
工鄭奐圖于妙覺佛寺凡十三人守司徒致仕韓
國公富弼年七十九守太尉判河南府潞國公文
彥博年七十七司封郎中致仕席汝言年七十七
朝議大夫致仕王尚恭年七十六太常少卿致仕
趙丙年七十五祕書監劉几年七十五衛州防禦
使馮行已年七十五太中大夫充天章閣待制楚
建中年七十三朝議大夫致仕王慎言年七十二
宣徽南院使檢校太尉判大名府王拱辰年七十

一太中大夫張問年七十龍圖閣直學士通議大
夫張燾年七十端明殿學士兼翰林侍讀學士太
中大夫司馬光年六十四

王文正太尉氣羸多病 真宗面賜藥酒一注缾令
空腹飲之可以和氣血辟外邪文正飲之大覺安
健因對稱謝 上曰此蘇合香酒也每一斗酒以
蘇合香丸一兩同煑極能調五臟却腹中諸疾每
冒寒夙興則飲一盃因各出數榼賜近臣自此臣
庶之家皆倣為之蘇合香丸盛行於時此方本出
廣濟方謂之白术丸後人亦編入千金外臺治疾

有殊効余於良方叙之甚詳然昔人未知用之錢
文僖公集篋中方藕合香丸注云此藥本出禁中
祥符中嘗賜近臣即謂此也
李士衡為館職使高麗一武人為副高麗禮幣贈遺
之物士衡皆不關意一切委於副使時船底疎漏
副使者以士衡所得縑帛藉船底然後實已物以
避漏濕至海中遇大風船欲傾覆士衡大恐請盡
弃所載不爾船重必難免副使倉惶悉取船中之
物投之海中更不暇揀約投及半風息船定既而
點檢所投皆副使之物士衡所得在船底一無失

劉美少時善鍛金後貴顯賜與中有上方金銀器皆刻工名其間多有美所造者又楊景宗微時常荷畚為丁晉公築第後晉公籍沒其家以第賜景宗二人者方其微賤時一造上方器一為宰相築第安敢自期身饗其用哉

舊制天下貢舉人到闕悉皆入對數不下三千人謂之群見遠方士皆未知 朝廷儀範班列紛錯有司不能繩勒見之日先設禁圍于著位之前舉人皆拜于禁圍之外蓋欲限其前列也至有更相抱持以望黼座者有司患之近歲遂止令解頭入見

紱尚不減數百人嘉祐中余忝在解頭別爲一班最在前列目見班中惟從前一兩行稍應拜起之節自餘亦終不成班綴而罷每爲閤門之累常言殿庭中班列不可整齊者唯有三色謂舉人蕃人駱駞

兩浙田稅畝三斗錢氏國除　朝廷遣王方贄均兩浙雜稅方贄悉令畝出一斗使還責擅減稅額方贄以謂畝稅一斗者天下之通法兩浙既已爲王民豈當復循僞國之法　上從其說至今畝稅一斗者自方贄始唯江南福建猶循舊額蓋當時無

人論列遂為永式方贊尋除右司諫終於京東轉運使有五子皐準罩犖罕準之子珪為宰相其他亦多顯者豈惠民之報歟

孫之翰人嘗與一硯直三十千孫曰硯有何異而如此之價也客曰硯以石潤為貴此石呵之有水流孫曰一日呵得一擔水纔直三錢買此何用竟不受

王荆公病喘藥用紫團山人參不可得時薛師政自河東還適有之贈公數兩不受人有勸公曰公之疾非此藥不可治疾可憂藥不足辭公曰平生無

紫團參亦活到今日竟不受公面黧黑門人憂之以問醫醫曰此垢汗非疾也進澡豆令公頮面公曰天生黑於予澡豆其如予何

王子野生平不茹葷腥居之甚安

趙閱道為成都轉運使出行部內唯携一琴一龜坐則看龜鼓琴嘗過青城山遇雪舍于逆旅逆旅之人不知其使者也或慢狎之公頹然鼓琴不問

淮南孔旻隱居篤行終身不仕美節甚高嘗有竊其園中竹旻愍其涉水冰寒為架一小橋渡之推此則其愛人可知然余聞之莊子妻死鼓盆而歌妻

死而不轂鼓可也為其死而鼓之則不若不鼓之
愈也猶邢原耕而得金擲之墻外不若管寧不視
之愈也
狄青為樞密使有狄梁公之後持梁公畫像及告身
十餘通詣青獻之以為青之遠祖青謝之曰一時
遭際安敢自比梁公厚有所贈而還之比之郭崇
韜哭子儀之墓青所得多矣
郭進有材略累有戰功嘗刺邢州今邢州城乃進所
築其厚六丈至今堅完鎧仗精巧以至封貯亦有
法度進於城北治第既成聚族人賓客落之下至

土木之工皆與乃設諸工之席于東廡羣子之席于西廡人或曰諸子安可與工徒齒進指諸工曰此造宅者指諸子曰此賣宅者固宜坐造宅者下也進死未幾果為他人所有今資政殿學士陳彥升宅乃進舊第東南一隅也

有一武人忘其名志樂閑放而家甚貧忽吟一詩曰人生本無累何必買山錢遂投檄去至今致仕尚康寧

真宗皇帝時向文簡拜右僕射麻下日李昌武為翰林學士當對 上謂之曰朕自即位以來未嘗除

僕射今日以命敏中此殊命也敏中應甚喜對曰臣今自早候對亦未知宣麻不知敏中何如　上曰敏中門下今日賀客必多卿往觀之明日却對来勿言朕意也昌武候丞相歸乃往見丞相謝客門闌悄然無一人昌武與向親徑入見之徐賀曰今日聞降麻士大夫莫不懽慰朝野相慶公但唯唯又曰自　上即位未甞除端揆此非常之命自非勳德隆重眷倚殊越何以至此公復唯唯終未測其意又歷陳前世為僕射者勳勞德業之盛禮命之重公亦唯唯卒無一言既退復使人至庖廚

中問今日有無親戚賓客飲食宴會亦寂無一人
明日再對　上問昨日見敏中否對曰見之敏中
之意何如乃具以所見對　上笑曰向敏中大耐
官職向文簡拜僕射年月未曾考於國史熙寧中因見中書題名記天禧元年八月敏中加右僕射然密院題名記天禧元年二月王欽若加僕射
晏元獻公為童子時張文節薦之於朝廷召至闕下
適值　御試進士便令公就試公一見試題曰臣
十日前已作此賦草尚在乞别命題　上極愛其
不隱及為館職時天下無事許臣寮擇勝燕飲當
時侍從文館士大夫為燕集以至市樓酒肆往往

皆供帳為遊息之地公是時貧甚不能出獨家居與昆弟講習一日選東宮官忽自中批除晏殊執政莫諭所因次日進覆上諭之曰近聞館閣臣寮無不嬉遊燕賞彌日繼夕唯殊杜門與兄弟讀書如此謹厚正可為東宮官公既受命得對 上面諭除授之意公語言質野則曰臣非不樂燕遊者直以貧無可為之臣若有錢亦須往但無錢不能出耳 上益嘉其誠實知事君體眷注日深 仁宗朝卒至大用

寶元中忠穆王吏部為樞密使河西首領趙元昊叛

上問邊備輔臣皆不能對明日樞密四人皆罷
忠穆謫虢州翰林學士蘇公儀與忠穆善出城見
之忠穆謂公儀曰駿之此行前十年已有人言之
公儀曰必術士也忠穆曰非也昔時為三司鹽鐵
副使疏決獄囚至河北是時曹南院自陝西謫官
初起為定帥駿至定治事畢瑋謂駿曰決事又畢
自此當還明日願少留一日欲有所言駿既愛其
雄材又聞欲有所言遂為之留明日具饌甚簡儉
食罷屏左右曰公滿面權骨不為樞輔即邊帥或
謂公當作相則不然也然不十年必總樞柄此時

西方當有警公宜預講邊備蒐閱人材不然無以應卒驟曰四境之事唯公知之何以見教曹曰瑋實知之今當為公言瑋在陝西日河西趙德明嘗使人以馬傳易于中國怒其息微欲殺之莫可諫止德明有一子方十餘歲極諫不已曰以戰馬資鄰國已是失計今更以貨殺邊人則誰肯為我用者瑋聞其言私念之曰此子必用其人矣是必有異志聞其常往來于市中瑋欲一識之屢使人誘致之不可得乃使善畫者圖形容既至觀之真英物也此子必須為邊患計其時節正在公秉政之

日公其勉之駿是昔殊未以為然今知其所盡乃
元旻也皆如其言也四人夏守斌駿陳執中張觀康定元年二月守斌加節度罷為南院駿執中觀各守本官罷
石曼卿喜豪飲與布衣劉潛為友嘗通判海州劉潛
來訪之曼卿迎之於石閭堰與潛劇飲中夜酒欲
竭顧舡中有醋斗餘乃傾入酒中併飲之至明日
酒醋俱盡每與客痛飲露髮跣足着械而坐謂之
囚飲飲于木杪謂之巢飲以稾束之引首出飲復
就束謂之鼈飲其狂縱大率如此廨後為一庵常
卧其間名之曰捫蝨庵未嘗一日不醉仁宗愛其

才嘗對輔臣言欲其戒酒延年聞之因不飲遂成疾而卒

工部胡侍郎則為邑日丁晉公為遊客見之胡待之甚厚丁因投詩索米明日胡延晉公常日所用樽罍悉屏去但陶器而已丁失望以為厭已遂辭去胡徙見之出銀一篋遺丁曰家素貧唯此飲器頗以贐行丁始喻設陶器之因甚愧德之後晉公驟達極力推挽卒至顯位慶曆中諫官李兢坐言事謫湖南物務內殿承制范亢為黃蔡間都監以言事官坐謫後多至顯官乃悉傾家物與兢辦行兢

至湖南少日遂卒前輩有言人不可有意有意即
差事固不可前料也
朱壽昌刑部朱侍郎巽之子其母微壽昌流落貧家
十餘歲方得歸遂失母所在壽昌哀慕不已及長
乃解官訪母遍走四方備歷艱難見者莫不憐之
聞佛書有水懺者其説謂欲見父母者誦之當獲
所願壽昌乃晝夜誦持仍刺血書懺摹版印施於
人唯願見母歷年甚多忽一日至河中府遂得其
母相持慟絶感動行路乃迎以歸事母至孝復出
從仕今為司農少卿士人為之傳者數人丞相荆

公而下皆有朱孝子詩數百篇

朝士劉廷式本田家鄰舍翁甚貧有一女約與廷式為婚後契闊數年廷式讀書登科歸鄉閭訪鄰翁而翁已死女因病雙瞽家極困餓廷式使人申前好而女子之家辭以疾仍以傭耕不敢姻士大夫廷式堅不可與翁有約豈可以翁死子疾而背之卒與成婚閨門極雍睦其妻相攜而後能行凡生數子廷式嘗坐小譴監司欲逐之嘉其有美行遂為之闊略其後廷式管幹江州太平宮而妻死哭之極哀蘇子瞻愛其義為文以美之

柳開少好任氣大言凌物應舉時以文章投主司於簾前凡千軸載以獨輪車引試日衣襴自擁車以入欲以此駭衆取名時張景能文有名唯袖一書簾前獻之主司大稱賞擢景優等時人為之語曰柳開千軸不如張景一書

衣九

十七

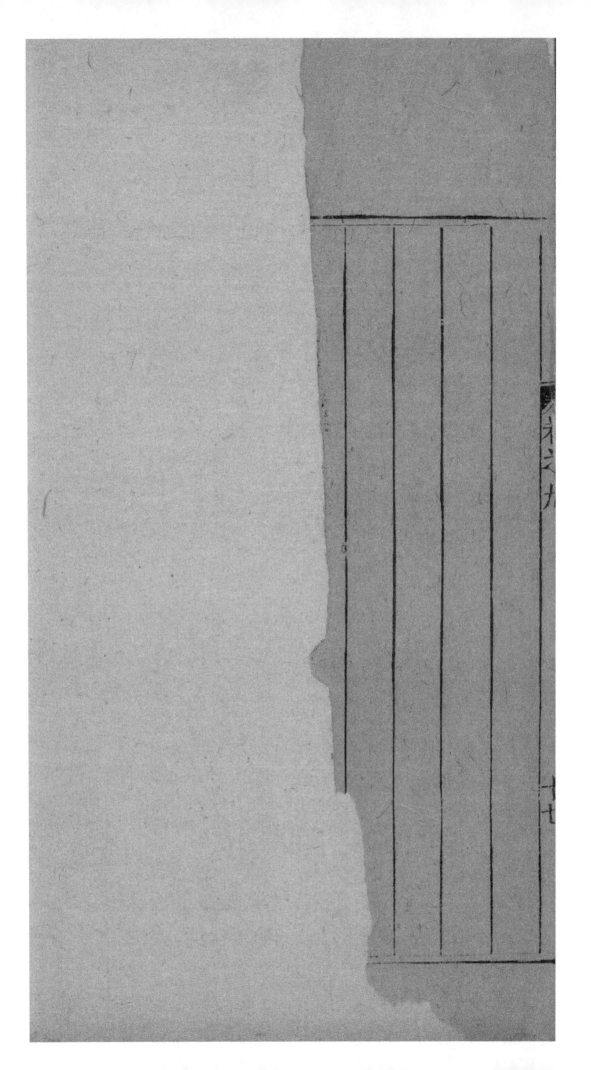

夢溪筆談全編卷十

沈括存中述

人事二

蔣堂侍郎為淮南轉運使日屬縣例致賀冬至書皆投書即還有一縣令使人獨不肯去須責回書左右諭之皆不聽以至呵逐亦不去曰寧得罪不得書不敢回邑時蘇子美在坐頗駭怪曰皂隸如此野狠其令可知蔣曰不然令必健者能使人不敢慢其命令如此乃為一簡答之方去子美歸吳中月餘得蔣書曰縣令果健者遂為之延譽後卒為名

臣或云乃天章閣待制杜祀也

國子博士李餘慶知常州強於政事果於去惡凶人
惡吏畏之如神末年得疾甚困有州醫博士多過
惡常懼爲餘慶所發因其困進利藥以毒之服之
洞泄不已勢已危餘慶察其奸使人扶舁坐廳事
召醫博士杖殺之然後歸卧未及席而死葬於橫
山人至今畏之過墓者皆下有病瘧者取墓土着
牀席間輒差其敬憚之如此

盛文肅爲尚書右丞知楊州簡重少所許可時夏有
章自建州司户參軍授鄭州推官過楊州文肅騵

稱其才雅明日置酒召之人有謂有章曰盛公未
嘗燕過客甚器重者方召一飯有章荷其意別日
為一詩謝之至客次先使人持詩以入公得詩不
發封即還之使人謝有章曰度巳衰老無用此詩
不復得見有章殊不意往見通判刁繹具言所以
繹亦不喻其由曰府公性多忤詩中得無激觸否
有章曰無未曾發封又曰無乃筆札不嚴曰有章
自書極嚴謹曰如此必是將命者有所忤耳乃往
見文肅而問之夏有章今日獻詩何如公曰不曾
讀巳還之繹曰公始待有章甚厚今乃不讀其詩

何也公曰始見其氣韻清脩謂必遠器今封詩乃自稱新圃田從事得一幕官遂爾輕脫君但觀之必止於此官志已滿矣切記之他日可驗賈文元時為參政與有章有舊乃薦為館職有詔候到任一年召試明年除館閣校勘御史發其舊事遂寢奪改差國子監主簿仍帶鄭州推官未幾卒於京師文肅閱人物多如此不復挾他術

林逋隱居杭州孤山常畜兩鶴縱之則飛入雲霄盤旋久之復入籠中逋常汎小艇遊西湖諸寺有客至逋所居則一童子出應門延客坐為開籠縱鶴

良久遁必棹小船而歸蓋嘗以鶴飛為驗也遁高逸倨傲多所學唯不能棊常謂人曰遁世間事皆能之唯不能擔糞與着棊

慶曆中有近侍犯法罪不至死執政以其情重請殺之范希文獨無言退而謂同列曰諸公勸人主法外殺近臣一時雖快意不宜教手滑諸公黙然

景祐中審刑院斷獄有使臣何次公具獄主判官方進呈 上忽問此人名次公者何義主判官不能對是時龐莊敏為殿中丞審刑院詳議官從官長上殿乃越次對曰臣嘗讀前漢書黃霸字次公蓋

以霸次王也此人必慕黃霸之為人 上頷之異日復進擬 上顧知院官問曰前時姓龐詳議官何故不來知院對任湍已出外官 上遽指揮中書與在京差遣除三司檢法官俄擢三司判官慶曆中遂入相

夢溪筆談全編卷十

夢溪筆談全編卷十一

沈括 存中 述

官政一

世稱陳恕爲三司使改茶法歲計幾增十倍余爲三司使時考其籍蓋自景德中北戎入寇之後河北糴便之法蕩盡此後茶利十喪其九恕在任値北虜講解商人頓復歲課遂增雖云十倍之多考之尚未盈舊額至今稱道蓋不虞之譽也

世傳算茶有三說法最便三說者蓋謂見錢爲一說犀牙香藥爲一說茶爲一說深不然也此乃三分

法其謂緣邊入納粮草其價折為三分一分支見錢一分折犀象雜貨一分折茶爾後又有并折鹽為四分法更改不一皆非三說也余在三司求得三說舊案三說者乃是三事博糴為一說便糴為一說直便為一說其謂之博糴者極邊粮草歲入欲必足常預每歲自三司抛數下庫務先封樁見錢緊便錢緊茶鈔緊便錢謂水路商旅所便處緊茶鈔謂上三場榷務耳然後召人入中便糴者次邊粮草商人先入中粮草乃詣京師算請慢便錢慢茶抄及雜貨慢便錢謂道路貨易非便處慢茶鈔謂下三山場榷務直便者商人取便於緣邊入

納見錢於京師請領三説先博糴數足然後聽便糴及直便以此商人競趨爭先赴極邊博糴故邊粟常先足不爲諸郡分裂粮草之價不能翔踊諸路稅課亦皆盈衍此良法也余在三司方欲講求會左遷不果建議

延州故豐林縣城赫連勃勃所築至今謂之赫連城緊密如石斸之皆火出其城不甚厚但馬面極長且密予親使人步之馬面皆長四丈相去六七丈以其馬面密則城不須太厚人力亦難攻也余曾親見攻城若馬面長則可反射城下攻者兼密則

矢石相及敵人至城下則四面矢石臨之須使敵人不能到城下乃為良法今邊城雖厚而馬面極短且疎若敵人可到城下則城雖厚終為危道其間更多刓其角謂之團敵此尤無益全藉倚樓角以發矢石以覆護城脚但使敵人備處多則自不可存立赫連之城深可為法也

劉晏掌南計數百里外物價高下即日知之人有得晏一事余在三司時嘗行之于東南每歲發運司和糴米于郡縣未知價之高下須先具價申禀然後視其貴賤貴則寡取賤則取盈盡得郡縣之價

方能契數行下比至則粟價已增所以常得貴售
晏法則令多粟通途郡縣以數十歲糴價與所糴
粟數高下各爲五等具籍于主者今屬發運司粟價纔
定更不申稟即時廪收但第一價則糴第五數第
五價即糴第一數第二價則糴第四數第四價則
糴第二數乃即馳遞報發運司如此粟賤之地自
糴盡極數其餘節級各得其宜已無極售發運司
仍會諸郡所糴之數計之若過於多則損貴與遠
者尚少則增賤與近者自此粟價未嘗失時各當
本處豐儉即日知價信皆有術

舊校書官多不恤職事但取舊書以墨漫一字復注
舊字於其側以為日課自置編校局只得以朱圍
之仍於卷末書校官姓名

五代方鎮割據多於舊賦之外重取於民國初悉皆
蠲正税額一定其間有或重輕未均處隨事均之
福歙州税額太重福州則令以錢二貫五百折納
絹一疋歙州輸官之絹止重數兩太原府輸賦全
除乃以減價糶糴補之後人往往疑福歙折絹太
貴太原折米太賤蓋不見當時均賦之意也

夏秋沿納之物如鹽麴錢之類名件煩碎慶曆中有

司建議併合歸一名以省帳鈔程文簡為三司使
獨以謂仍舊為便若沒其舊名異日不知或再敷
鹽麴則致重複此亦善慮事也
近歲邢壽兩郡各斷一獄用法皆誤為刑曹所駁壽
州有人殺妻之父母昆弟數口州司以不道緣坐
妻子刑曹駁曰毆妻之父母即是絕義況其謀殺
不當復坐其妻邢州有盜殺一家其夫婦即時死
唯一子明日乃死其家財產户絕法給出嫁親女
刑曹駁曰其家父母死時其子尚生財產乃子物
出嫁親女乃出嫁姊妹不合有分此二事略同一

失於生者一失於死者

深州舊治靖安其地鹹鹵不可藝植井泉悉是惡滷景德中議遷州時傅潛家在李晏乃奏請遷州于李晏今深州是也土之不毛無以異於舊州鹽鹻殆與土半城郭朝補暮壞至於薪芻亦資於他邑唯胡盧水粗給居民然原自外來亦非邊城之利舊州之北有安平饒陽兩邑田野饒沃人物繁庶正當徐村之口與祁州永寧犬牙相望不移州于此而恤其私利亟城李晏者潛之罪也

律云免官者三載之後降先品二等敘免所居官及

官當若朞年之後降先品一等叙降先品者謂免官二官皆免則從未降之品降二等叙之免所居官及官當止一官故降未降之品一等叙之今叙官乃從見存之官更降一等者誤曉律意也

律累降雖多各不得過四等此止法者不徒為之蓋有所礙不得不止據律更犯有歷任官者仍累降之所降雖多各不得過四等注各謂二官各降不在通計之限二官謂職事官散官衛官為一官勲官為一官二官各四等不得通計乃是共降八等而止余考其義蓋除名叙法正四品於正七品下

叙從四品於正八品上叙即是降先品九等免官官當若降五等則反重於除名此不得不止也此律令雖不用然用法者須知立法之意則於新格無所抵牾余檢正刑房公事日曾遍詢老法官無一人曉此意者

邊城守具中有戰棚以長木抗於女墻之上大體類敵樓可以離合設之頃刻可就以備倉卒城樓摧壞或無樓處受攻則急張戰棚以臨之梁侯景攻臺城為高樓以臨城城上亦為樓以拒之使壯士交槊鬬于樓上亦近此類預備敵人非倉卒可致

近歲邊臣有議以謂既有敵樓則戰棚悉可廢省
恐講之未熟也
爾真卿守潤州民有鬭毆者本罪之外別令先毆者
出錢以與後應者小人靳財兼不憤輸錢于敵人
終日紛爭相視無敢先下手者
曹州人趙諫嘗為小官以罪廢唯以録人陰事控制
閭里無敢迕其意者人畏之甚於寇盜官司亦為
其羈紲俯仰取容而已兵部員外郎謝濤知曹州
盡得其凶迹逮繫有司具前後巨蠹伏奏列章下
御史府按治姦贓狼籍遂論弃市曹人皆相賀因

此有告不干己事法著于敕律

驛傳舊有三等曰步遞馬遞急遞急脚遞最遽日行四百里唯軍興則用之熙寧中又有金字牌急脚遞如古之羽檄也以木牌朱漆黄金字光明眩目過如飛電望之者無不避路日行五百餘里有軍前機速處分則自御前發下三省樞密院莫得與也

皇祐二年吳中大饑殍殣枕路是時范文正領浙西發粟及募民存餉為術甚備吳人喜競渡好為佛事希文乃縱民競渡太守日出宴于湖上自春至

夏居民空巷出遊又召諸佛寺主首諭之曰饑歲工價至賤可以大興土木之役於是諸寺工作鼎興又新敖倉吏舍日役千夫監司奏劾杭州不恤荒政嬉遊不節及公私興造傷耗民力文正乃自條叙所以宴遊及興造皆欲以發有餘之財以惠貧者貿易飲食工技服力之人仰食於公私者日無慮數萬人荒政之施莫此為大是歲兩浙唯杭州晏然民不流徙皆文正之惠也歲饑發司農之粟募民興利近歲遂著為令既已恤饑因之以成就民利此先王之美澤也

凡師行因糧於敵最為急務運糧不但多費而勢難行遠予嘗計之人負米六斗卒自攜五日乾糧人餉一卒一去可十八日米六斗人食日二升二人食之十八日盡若計復回只可進九日二人餉一卒一去可二十六日米一石二斗三人食日六升八日則一夫所負已盡給六日糧遣回后十八日二人食日四升并糧若計復回止可進十三日前八日日食六升後五日并回程日食四升并糧三人餉一卒一去可三十一日米一石八斗前六日半四人食日八升減一夫給四日糧十七日三人食日六升又減一夫給九日糧后十八日二人食日四升并糧計復回止可進十六日前六日半日食八升中七日日食六升后十一日并回程日食四升并糧三人餉一卒極矣若興師十萬輜重

三之一止得駐戰之卒七萬人已用三十萬人運糧此外難復加矣（放回運夫須有援卒緣運行死亡疾病人數稍減且以所減之食准援卒所費）運糧之法人負六斗此以總數率之也其間隊長不負樵汲減半所餘皆均在衆夫更有死亡病疾者所負之米又以均之則人所負常不啻六斗矣故軍中不容冗食一夫冗食二三人餉之尚或不足若以畜乘運之則駝負三石馬騾一石五斗驢一石比之人運雖負多而費寡然芻牧不時畜多瘦死一畜死則并所負棄之較之人負利害相半

忠萬間夷人祥符中嘗寇掠邊臣苟務懷来使人招其酋長禄之以券粟自後有傚而為之者不得已又以券招之其間紛争者至有自陳若其人幾殺掠若干人遂得一券我凡殺兵民數倍之多豈得亦以一券見給互相計挍為寇甚者則受多券熙寧中會之前後凡給四百餘券子孫相承世世不絶因其為盜悉誅鉏之罷其舊券一切不與自是夷人畏威不復犯塞

慶曆中河决北都商胡久之未塞三司度支副使郭申錫親往董作凡塞河決垂合中間一埽謂之合

龍門功全在此是時屡塞不合時合龍門埽長六十步有水工高超者獻議以謂埽身太長人力不能壓埽不至水底故河流不斷而繩纜多絶今當以六十步為三節每節埽長二十步中間以索連屬之先下第一節待其至底次壓第二第三舊工爭之以為不可云二十步埽不能斷漏徒用三節所費當倍而決不塞超謂之曰第一埽水信未斷然執必殺半壓第二埽止用半力水縱未斷不過小漏耳第三節乃平地施工足以盡人力處置三節既定即上兩節自為濁泥所淤不煩人功申錫

主前議不聽超說是時賈魏公帥北門獨以超之言為然陰遣數千人於下流收漉流埽既而埽果流而河決愈甚申錫坐謫卒用超計商胡方定

鹽之品至多前史所載夷狄間自有十餘種中國所出亦不減數十種今公私通行者四種一者末鹽海鹽也河北京東淮南兩浙江南東西荆湖南北福建廣南東西十一路食之其次顆鹽解州鹽澤及晉絳潞澤所出京畿南京京西陝西河東褒劍等處食之又次井鹽鑿井取之益梓利夔四路食之又次厓鹽生於土厓之間階成鳳等州食之唯

陝西路顆鹽有定課歲為錢二百三十萬緡自餘盈虛不常大約歲入二千餘萬緡唯末鹽歲自抄三百萬供河北邊糴其他皆給本處經費而已緣邊糴買仰給於度支者河北則海末鹽河東陝西則顆鹽及蜀茶為多運鹽之法凡行百里陸運斤四錢舡運斤一錢以此為率

太常博士李處厚知廬州慎縣嘗有毆人死者處厚往驗傷以糟胾灰湯之類薄之都無傷迹有一老父求見曰邑之老書史也知驗傷不見其迹此易辨也以新赤油繖日中覆之以水沃其屍其迹必

見處厚如其言傷迹宛然自此江淮之間官司往
往用此法
錢塘江錢氏時為石隄隄外又植大木十餘行謂之
滉柱寶元康定間人有獻議取滉柱可得良材數
十萬杭帥以為然既而舊木出水皆朽敗不可用
而滉柱一空石隄為洪濤所激歲歲摧决蓋昔人
埋柱以折其怒勢不與水争力故江濤不能為患
杜偉長為轉運使人有獻說自浙江稅場以東移
退數里為月隄以避怒水衆水工皆以為便獨一
老水工以為不然密諭其黨曰移隄則歲無水患

若曹何所衣食衆人樂其利乃從而和之儒長不悟其計費以鉅萬而江隄之害仍歲有之近年乃講月隄之利濤害稍稀然猶不若滉柱之利然所費至多不復可為

陝西顆鹽舊法官自搬運置務拘賣兵部員外郎范祥始為鈔法令商人就邊郡入錢四貫八百售一鈔至解池請鹽二百斤任其私賣得錢以實塞下省數十郡般運之勞異日輦車牛驢以鹽役死者歲以萬計冒禁抵罪者不可勝數至此悉免行之既久鹽價時有抵昂又於京師置都鹽院陝西轉

運司自遣官主之京師食鹽斤不足三十五錢則斂而不發以長鹽價過四十則不發庫鹽以壓商利使鹽價有常而鈔法有定數行之數十年至今以為利也

河北鹽法 太祖皇帝嘗降墨敕聽民間賈販唯收稅錢不許官榷其後有司屢請閉固 仁宗皇帝又有批詔云朕終不使河北百姓常食貴鹽獻議者悉罷遣之河北父老皆掌中掬灰藉火焚香望闕歡呼稱謝熙寧中復有獻謀者余時在三司求訪兩朝墨敕不獲然人人能誦其言議亦竟寢

夢溪筆談全編卷十一

夢溪筆談全編卷十二

沈括 存中 述

官政二

淮南漕渠築埭以蓄水不知始於何時舊傳召伯埭謝公所為按李翺東南錄唐時猶是流水不應謝公時已作此埭天聖中監真州排岸司右侍禁陶鑑始議為復閘節水以省舟船運埭之勞是時工部郎中方仲荀文思使張綸為發運使副表行之始為真州閘歲省冗卒五百人雜費百二十五萬運舟舊法舟載米不過三百石閘成始為四百石

船其後所載浸多官船至七百石私船受米八百餘囊二石自後北神召伯龍舟茱萸諸埭相次廢革至今為利余元豐中過真州江亭後糞壤中見一臥石乃胡武平為水閘記略叙其事而不甚詳具

張杲卿丞相知潤州日有婦人夫出外數日不歸忽有人報菜園井中有死人婦人驚往視之號哭曰吾夫也遂以聞官公令屬官集隣里就井驗是其夫與非衆皆以井深不可辨請出屍驗之公曰衆皆不能辨婦人獨何以知其為夫收付所司鞫問

果教人殺其夫婦人與聞其謀

慶曆中議弛茶鹽之禁及減商稅范文正以為不可茶鹽商稅之入但分減商賈之利耳行於商賈未甚有害也今國用未減歲入不可闕既不取之於山澤及商賈須取之於農與其害農孰若取之於賈今為計莫若先省國用國用有餘當先寬賦役然後及商賈弛禁非所當先也其議遂寢

真宗皇帝南衙日開封府十七縣皆以歲旱放稅即有飛語聞　上欲有所中傷　太宗不悅御史探上意皆露章言開封府放稅過實有旨下京東西兩

路諸州選官覆按内亳州當按大康咸平二縣是時魯會知亳州王冀公在幕下魯愛其識度常以公相期之至是遣冀公行仍戒之曰此行所繫事體不輕不宜小有高下冀公至兩邑按行甚詳其餘抗言放稅過多追至所稅物而冀公獨乞全放人皆危之明年真宗即位首擢冀公為右正言仍謂輔臣曰當此之時朕亦自危懼欽若小官敢獨為百姓伸理此大臣節也自後進用超越卒至入相

國朝初平江南歲鑄錢七萬貫自後稍增廣至天聖

中歲鑄壹百餘萬貫慶曆閒至三百萬貫熙寧六年以後歲歲鑄銅鐵錢六百餘萬貫天下吏人素無常禄唯以受賕為生往往致富者熙寧三年始制天下吏禄而設重法以絶請托之弊是歲京師諸司歲支吏禄錢三千八百三十四貫二百五十四歲歲增廣至熙寧八年歲支三十七萬一千五百三十三貫一百七十八自後增損不常皆不過此數京師舊有禄者及天下吏禄皆不預此數

國朝茶利除官本及雜費外净入錢禁榷時取一年最中数計一百九萬四千九十三貫八百八十五

内六十四萬九千六十九貫茶淨利賣茶嘉祐二年收十六萬四百三十一貫五百二十七除元本及雜費外得淨利十萬六千九百五十七貫六百八十五客茶交引錢嘉祐三年除元本及雜費外得淨利五十四萬二千一百一十一貫五百二十四

四十四萬五千二十四貫六百七十茶稅錢最中嘉祐元年所收数除川茶錢在外通商後来取一年最中数計一百一十七萬五十一百四貫九百一十九錢内三十六萬九千七十二貫四百七十一錢茶嘉祐四年通商立定茶交引錢六十八萬四千三百二十一貫三百八十后累經減放至治平二年最中分收上數八十萬六千三百十二貫六百四十八錢茶稅最中治平三年除川茶稅錢外會此數

本朝茶法乾德二年始詔在京建州漢蘄口各置榷貨務五年始禁私賣茶從不應為情理重太平興國二年刪定禁法條貫始立等科罪淳化二年令商賈就園户買茶公於官場貼射始行貼射法淳化四年初行交引罷貼射法西北入粟給交引自通利軍始是歲罷諸處榷貨務尋復依舊至咸平元年茶利錢以一百三十九萬二千一百一十九貫三百一十九為額至嘉祐三年凡六十一年用此額官本雜費皆在内中間時有增虧歲入不常咸平五年三司使王嗣宗始立三分法以十分茶

價四分給香藥三分犀象三分茶引六年又改支
六分香藥犀象四分茶引景德二年許人入中錢
帛金銀謂之三說至祥符九年茶引益輕用知秦
州曹瑋議就永興鳳翔以官錢收買客引以救引
價前此增累加饒錢至天禧二年鎮戎軍納大麥
一斗本價通加饒共支錢一貫二百五十四乾興
元年改三分法支茶引三分東南見錢二分半香
藥四分半天聖元年復行貼射法行之三年茶利
盡歸大商官場但得黃晚惡茶乃詔孫奭重議罷
貼射法明年推治元議省吏計覆官旬獻等皆決

配沙門島元詳定樞密副使張鄧公叅知政事呂
許公曾肅簡各罰俸一月御史中丞劉筠入内
侍省副都知周文質西上閤門使薛昭郭三部副
使各罰銅二十斤前三司使李諮落樞密直學士
依舊知洪州皇祐三年羡茶依舊只用見錢至嘉
祐四年二月五日降勅罷茶禁
國朝六榷貨務十三山場都賣茶歲壹千五十三萬
三千七百四十七斤半租額錢二百二十五萬四
千四十七貫一十其六榷貨務取最中嘉祐六年
抛占茶五百七十三萬六千七百八十六斤半租

額錢一百九十六萬四千六百四十七貫二百七十八荊南府租額錢三十一萬五千一百四十八貫三百七十五受納潭鼎澧岳歸峽州荆南府片散茶共八十七萬五千三百五十七斤漢陽軍租額錢二十一萬八千三百二十一貫五十一受納鄂州片茶二十三萬八千三百斤半蘄州蘄口租額錢三十五萬九千八百三十九貫八百一十四受納潭建州興國軍片茶五十萬斤無為軍租額錢三十四萬八千六百二十貫四百三十受納潭筠袁池饒建歙江洪州南康興國軍片散茶共八

十四萬二千三百三十三斤真州租額錢五十一萬四千二十二貫九百三十二受納潭袁池饒歙建撫筠宣江吉洪州興國臨江南康軍片散茶共二百八十五萬六千二百六斤海州租額錢三十萬八千七百三貫六百七十六受納睦湖杭越衢温婺台常明饒歙州片散茶共四十二萬四千五百九十斤十三山場租額錢共二十八萬九千三百九十九貫七百三十二共買茶四百七十九萬六千九百六十一斤光州光山場買茶三十萬七千二百十六斤賣錢一萬二千四百五十六貫子

安場買茶二十二萬八千三十斤賣錢一萬三千
六百八十九貫三百四十八商城場買茶四十萬
五百五十三斤賣錢二萬七千七十九貫四百四
十六壽州麻步場買茶三十三萬一千八百三十
三斤賣錢三萬四千八百一十一貫三百五十霍
山場買茶五十三萬二千三百九斤賣錢三萬五
千五百九十五貫四百八十九開順場買茶二十
六萬九千七十七斤賣錢一萬七千一百三十貫
廬州王同場買茶二十九萬七千三百二十八斤
賣錢一萬四千三百五十七貫六百四十二黃州

麻城場買茶二十八萬四千二百七十四斤賣錢一萬二千五百四十貫舒州羅源場買茶一十八萬五千八十二斤賣錢一萬四百六十九貫七百八十五大湖場買茶八十二萬九千三十二斤賣錢三萬六千九十六貫六百八十蘄州洗馬場買茶四十萬斤賣錢二萬六千三百六十貫王祺場買茶一十八萬二千二百二十七斤賣錢一萬一千九百五十三貫九百九十二石橋場買茶五十五萬斤賣錢三萬六千八十貫

發運司歲供京師米以六百萬石為額淮南一百三

十萬石江南東路九十九萬一千一百石江南西路一百二十萬八千九百石荊湖南路六十五萬石荊湖北路三十五萬石兩浙路一百五十萬石通餘羨歲八千六百二十萬石

熙寧中廢併天下州縣迄八年凡廢州軍監三十一儀滑慈鄭集萬乾儋南儀復蒙春陵憲遼賓壁梅漢陽通利寧化光化清平永康荊門廣濟高郵江陰富順漣水宣化廢縣一百二十七晉州趙城杭州南新普州普康磁州昭德華州渭南德州德平陵州貴平籍縣忠州桂溪兗州鄒縣廣州信安四會陝州胡城陝石河中河西永樂巴州上盤

其章坊州昇平春州銅陵北京大名洹水經城永濟莫州鄚長豐梧州
戎城邛州臨溪梓州永泰河陽氾水滄州饒安臨津融州武陽羅城象
州武化歸州興山汝州龍興懷州脩武武陟道州營道慶州樂蟠華
瀛州東城景城順安高陽澶州頓丘洺州曲周臨洺丹州雲岩汾川洛[illegible]
州黎城瓊州舍城火山火山横州永定宜州古陽禮丹金城述昆汾州孝義
金明豐林延水太原平晉隨州光化邢州堯山任縣平鄉秦州長道達州
三山石鼓蜀楊州廣陵趙州栢平栢鄉贊皇雅州百丈榮經祁州保澤同
州夏陽嘉州平羗河南洛陽福昌潁陽緱氏伊闕濱州相安慈州文城吉鄉
成都郫浦戎州宜賓綿州高昌榮州公井寧化寧化乾寧乾寧真
定靈壽井陘荊南建寧枝江辰州麻陽招化陳州南頓桂州脩仁永寧安

州雲夔忻州定襄劍門關劍門漢陽州漢陽恩州清陽熙州狄道河

州抱罕衛州新鄉衛渝州南川虢州玉城果州流溪利州平蜀許

州許田岢嵐嵐石蓬州逢山良山冀州新河涪州溫山閬州晉安岐平

復州玉陵潤州延陵

夢溪筆談全編卷十三

沈括　存中　述

權智

陵州鹽井深五百餘尺皆石也上下甚寬廣獨中間稍狹謂之杖鼓腰舊自井底用柏木為榦上出井口自木榦垂綆而下方能至水井側設大車絞之歲久井榦摧敗屢欲新之而井中陰氣襲人入者輒死無緣措手惟候有雨入井則陰氣隨雨而下稍可施工雨晴復止後有人以一木盤滿中貯水盤底為小竅釃水一如雨點設於井上謂之雨盤

令水下終日不絕如此數月井幹為之一新而陵井之利復舊

世人以竹木牙骨之類為叫子置人喉中吹之能作人言謂之顙叫子嘗有病瘖者為人所苦煩冤無以自言聽訟者試取叫子令頷之作聲如傀儡子粗能辨其一二其冤獲申此亦可紀也

莊子曰畜虎者不與全物生物此為誠言嘗有人善調山鷳使之鬬莫可與敵人有得其術者每食則以山鷳皮裹肉哺之久之望見真鷳則欲搏而食之此以所養移其性也

寶元中党項犯塞時新募萬勝軍未習戰陳遇寇多北狄青為将一日盡取萬勝旗付虎翼軍使之出戰虜望其旗易之全軍徑趨為虎翼所破殆無遺類又青在涇原嘗以寡當衆度必以奇勝預戒軍中盡捨弓弩皆執短兵器令軍中聞鉦一聲則止再聲則嚴陣而陽却鉦聲止則大呼而突之士卒皆如其教纔遇敵未接戰遽聲鉦士卒皆止再聲皆却虜人大笑相謂曰孰謂狄天使勇時虜人謂青為天使鉦聲止忽前突之虜兵大亂相蹂踐死者不可勝計也

狄青為樞密副使宣撫廣西時儂智高守崑崙關青至賓州值上元節令大張燈燭首夜燕將佐次夜燕從軍官三夜饗軍校首夜樂飲徹曉次夜二鼓時青忽稱疾暫起如內久之使人諭孫元規令暫主席行酒少服藥乃出數使人勤勞座客至曉各未敢退忽有馳報者云是夜三鼓青已奪崑崙矣

曹南院知鎮戎軍日嘗出戰小捷虜兵引去瑋偵虜兵去已遠乃驅所掠牛羊輜重緩驅而還頗失部伍其下憂之言於瑋曰牛羊無用徒縻軍不若棄之整衆而歸瑋不答使人候虜兵去數十里聞瑋

利牛羊而師不整遽襲之瑋愈緩行得地利處乃止而待之虜軍将至迎使人謂之曰蕃軍遠來必甚疲我不欲乘人之怠請休憩士馬少選决戰虜方苦疲甚皆欣然嚴軍歇良久瑋又使人諭之歇定可相馳矣於是各鼓軍而進一戰大破虜師遂棄牛羊而還徐謂其下曰吾知虜已疲故為貪利以誘之比其復来幾行百里矣若乘鋭便戰猶有勝負遠行之人若小憩則足痺不能立人氣亦闌吾以此取之

余友人有任術者嘗為延州臨真尉攜家出宜秋門

是時茶禁甚嚴家人懐越茶數斤稠人中馬驚茶忽墜地其人陽驚回身以鞭指城門鴟尾市人莫測皆隨鞭所指望之茶囊已碎于埃壤矣監司嘗使治地訟其地多山嶮不可登由此數為訟者所欺乃呼訟者告之曰吾不忍盡爾當貫爾半爾所有之地兩畒止供一畒慎不可欺欺則盡覆入官矣民信之盡其所有供半既而指一處覆之文致其參差處責之曰我戒爾無得欺何為見負今盡入爾田矣凡供一畒者悉作兩畒收之更無一稈得隱者其權數多此類其為人強敎㤥廓亦一時

之豪也

王元澤数歳時客有以一麞一鹿同籠以問雱何者是獐何者為鹿雱實未識良久對曰獐邊者是鹿鹿邊者是獐客大奇之

濠州定遠縣一弓手善用矛遠近皆伏其能有一偷亦善擊刺常篾視官軍唯與此弓手不相下曰見必與之决生死一日弓手者因事至村步適值偷在市飲酒勢不可避遂曳矛而鬭觀者如堵墻久之各未能進弓手者忽謂偷曰尉至矣我與爾皆健者汝敢與我尉馬前决生死乎偷曰喏弓手應

聲刺之一舉而斃盖乘其隙也又有人曾遇强寇鬪矛刃方接寇先含水滿口忽噀其面其人愕然刃已揕胷後有一壯士復與寇遇已先知噀水之事寇復用之水纔出口矛已洞頸盖已陳芻狗其機已泄恃勝失備反受其害

陝西因洪水下大石塞山澗中水遂橫流為害石之大有如屋者人力不能去州縣患之雷簡夫為縣令乃使人各於石下穿一穴度如石大挩石入穴窖之水患遂息也

熙寧中高麗入貢所經州縣悉要地圖所至皆造送

山川道路形勢險易無不備載至楊州牒州取地圖是時丞相陳秀公守楊給使者欲盡見兩浙所供圖倣其規模供造及圖至都聚而焚之具以事聞

狄青戍涇源日嘗與虜戰大勝追奔數里虜忽壅遏山踊知其前必遇險士卒皆欲奮擊青遽鳴鉦止之虜得引去驗其處果臨深澗將佐皆悔不擊青獨曰不然奔亡之虜忽止而拒我安知非謀軍已大勝殘寇不足利得之無所加重萬一落其術中存亡不可知寧悔不擊不可悔不止青後平嶺寇

賊師儂智高兵敗奔邕州其下皆欲窮其窟穴青亦不從以謂趨利乘勢入不測之城非大將軍智高因而獲免天下皆罪青不入邕州脫智高於垂死然青之用兵主勝而已不求奇功故未嘗大敗計功最多卒為名將譬如奕棋已勝敵可止矣然猶攻擊不已往往大敗此青之所戒也臨利而能戒乃青之過人處也

瓦橋關北與遼人為隣素無關河為阻往歲六宅使何承矩守瓦橋始議因陂澤之地瀦水為塞欲自相視恐其謀泄日會僚佐汎船置酒賞蓼花作蓼

花遊數十篇令座客屬和畫以為圖傳至京師人莫喻其意自此始壅諸淀慶曆中内侍楊懷敏復踵為之至熙寧中又開徐村柳莊等濼皆以徐鮑沙唐等河叫猴雞距五眼等泉為之原東合滹沲漳淇易白等水并大河於是自保州西北沈遠濼東盡滄州泥枯海口幾八百里悉為瀦潦闊者有及六十里者至今倚為藩籬或謂侵蝕民田歲失邊粟之入此殊不然深冀滄瀛間惟大河滹沲漳水所淤方為美田淤澱不至處悉是斥鹵不可種藝異日惟是聚集遊民刮鹹煑鹽頗干鹽禁時為寇

盜自為瀦濼姦盜遂少而魚蟹菰葦之利人亦賴之

浙帥錢鏐時宣州叛卒五千餘人送款錢氏納之以為腹心時羅隱在其幕下屢諫以謂敵國之人不可輕信浙帥不聽杭州新治城壘樓櫓甚盛浙帥攜僚客觀之隱指却敵佯不曉曰設此何用浙帥曰君豈不知欲備敵邪隱謬曰審如是何不向裏設之浙帥大笑曰本欲拒敵設於内何用對曰以隱所見正當設于内耳蓋指宣卒將為敵也後浙帥巡衣錦城武勇指揮使徐綰許再思挾宣卒為

亂火青山鎮入攻中城賴城中有備縮等尋敗幾
於覆國
淳化中李繼捧爲定難軍節度使陰與其弟繼遷謀
叛朝廷遣李繼隆率兵討之繼隆馳至克胡度河
入延福縣自鐵茄驛夜入綏州謀其所向繼隆欲
徑襲夏州或以謂夏州賊帥所在我兵少恐不能
克不若先據石堡以觀城勢繼隆以爲不然曰我
兵既少若徑入夏州出其不意彼亦未能料我衆
寡若先據石堡衆寡已露豈復能進乃引兵馳入
撫寧縣繼捧猶未知遂進攻夏州繼捧狼狽出迎

擒之以歸撫寧舊治無定河川中數為虜所危繼隆乃遷縣於滴水崖在舊縣之北十餘里皆石崖峭拔十餘丈下臨無水今謂之羅兀城者是也熙寧中所治撫寧城乃撫寧舊城耳本道圖牒皆不載唯李繼隆西征記言之甚詳也

熙寧中党項母梁氏引兵犯慶州大順城慶帥遣別將林廣拒守虜圍不解廣使城兵皆以弱弓弩射之虜度其勢之所及稍稍進城乃易強弩勁弓叢射虜多死遂相擁而潰

蘇州至崑山縣凡六十里皆淺水無陸途民頗病涉

久欲為長隄但蘇州皆澤國無處求土嘉祐中人
有獻計就水中以籧篨為稾為墻栽兩行相去三
尺去墻六丈又為一墻亦如此漉水中淤泥實籧
篨中候乾則以水車畎去兩墻之間舊水墻間六
丈皆土留其半以為隄脚掘其半為渠取土以為
隄每三四里則為一橋以通南北之水不日隄成
至今為利
李允則守雄州北門外民居極多城中地窄欲展北
城而以遼人通好恐其生事門外舊有東嶽行宮
允則以銀為大香爐陳於廟中故不設備一日銀

爐為盜所攘乃大出募賞所在張牓捕賊甚急久之不獲遂聲言廟中屢遭寇課夫築墻圍之其實展北城也不踰旬而就虜人亦不怪之則今雄州北關城是也大都軍中詐謀未必皆奇策但當時偶能欺敵而成奇功時人有語云用得着敵人休用不着自家羞斯言誠然

陳述古密直知建州浦城縣日有人失物捕得莫知的為盜者述古乃紿之曰某廟有一鐘能辨盜至靈使人迎置後閣祠之引群囚立鐘前自陳不為盜者摸之則無聲為盜者摸之則有聲述古自率

同職禱鍾甚肅祭訖以帷帷之乃陰使人以墨塗鐘良久引因逐一令引手入帷摸之出乃驗其手皆有墨惟有一囚無墨訊之遂承為盜盖恐鐘有聲不敢摸也此亦古之法出於小說

熙寧中濉陽界中發汴隄淤田汴水暴至隄防頗壞陷將毀人力不可制都水丞侯叔獻時涖其役相視其上數十里有一古城急發汴隄注水入古城中下流遂涸急使人治隄陷次日古城中水盈汴流復行而隄陷已完矣徐塞古城所決內外之水平而不流瞬息可塞衆皆伏其機敏

寶元中党項犯邊有明珠族首領驍悍最為邊患种世衡為將欲以計擒之聞其好擊鼓乃造一馬持戰鼓以銀裹之極華煥密使諜者陽賣之入明珠族後乃擇驍卒數百人戒之曰凡見負銀鼓自隨者併力擒之一日羌酋負鼓而出遂為世衡所擒又元昊之臣野利常為謀主守天都山號天都大王與元昊乳母白姥有隙歲除日野利引兵巡邊深涉漢境數宿白姥乗間乃譖其欲叛元昊疑之世衡嘗得蕃酋之子蘇吃曩厚遇之聞元昊嘗賜野利寶刀而吃曩之父得幸于野利世衡因使吃曩

曩霄野利刀許之以緣邊職任錦袍真金帶吃曩得刀以還世衡乃唱言野利已為白姥譖死設祭境上為祭文叙歲除日相見之歡入夜乃火燒紙錢川中盡明虜見火光引騎近邊窺覘乃佯委祭具而銀器凡千餘兩悉棄之虜人爭取器皿得元昊所賜刀及火爐中見祭文已燒盡但存數十字元昊得之又識其所賜刀遂賜野利死野利有大功死不以罪自此君臣猜貳以至不能軍平夏之功世衡計謀居多當時人未甚知之世衡卒乃録其功贈觀察使

夢溪筆談全編卷十三

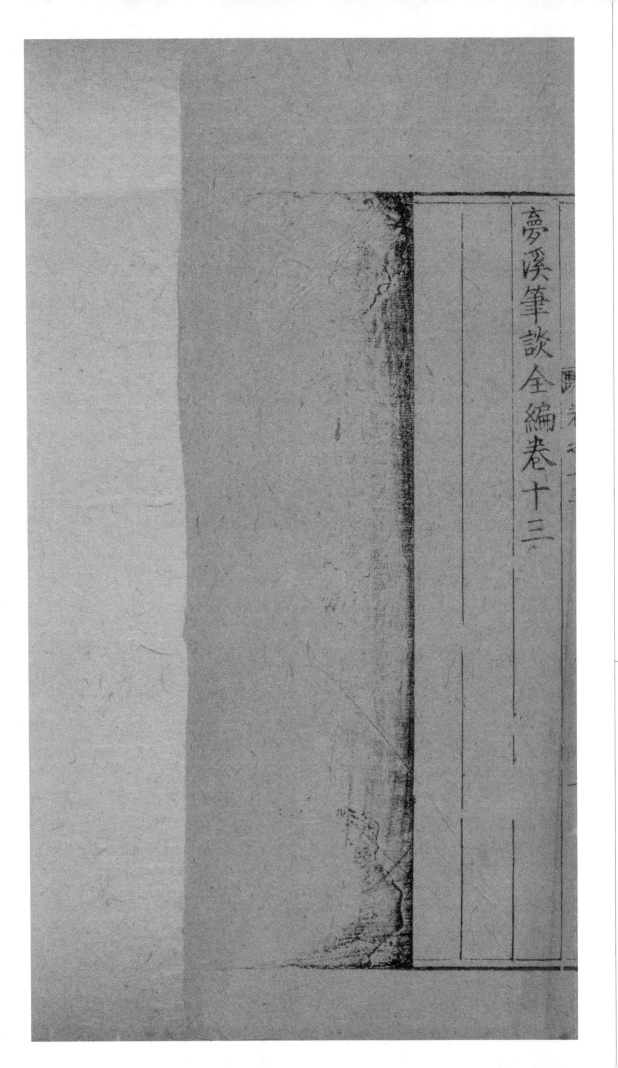

夢溪筆談全編卷十四

沈括　存中　述

藝文一

歐陽文忠常愛林逋詩草泥行郭索雲木叫鉤輈之句文忠以為新語而屬對親切鉤輈鷓鴣聲也李群玉詩云方穿詰曲崎嶇路又聽鉤輈格磔聲郭索蟹行貌也揚雄太玄曰蟹之郭索用心躁也

韓退之集中羅池神碑銘有春與猿吟兮秋與鶴飛今驗石刻乃春與猿吟兮秋鶴與飛古人多用此格如楚詞吉日兮辰良又蕙肴蒸兮蘭藉奠桂酒

兮椒漿蓋欲相錯成文則語勢矯健耳杜子美詩紅稻啄餘鸚鵡粒碧梧棲老鳳凰枝此亦語反而意全韓退之雪詩舞鏡鸞窺沼行天馬度橋亦效此體然稍牽强不若前人之語渾成也

唐人作富貴詩多紀其奉養器服之盛乃貧眼所驚耳如貫休富貴曲云刻成箏柱鴈相挨此下里鶯彈者皆有之何足道哉又韋楚老蚊詩云十幅紅綃圍夜玉十幅紅綃為帳方不及四五尺不知如何伸脚此所謂不曾近富兒家

詩人以詩[illegible]人物故雖小詩莫不埏蹂極工而後已

所謂句鍛月鍊者信非虛言小說崔護題城南詩其始曰去年今日此門中人面桃花相映紅人面不知何處去桃花依舊笑春風後以其意未全語未工改第三句曰人面秖今何處在唐人工部詩大率多如此雖有兩今字不䘏也取語意為主耳後人以其有兩今字只多行前篇

書之闕誤有可見於他書者如詩夭夭是椓後漢蔡邕傳作夭夭是加與速速方穀為對又彼岨矣岐有夷之行朱浮傳作彼岨者岐有夷之行坊記君子之道譬則坊歟大戴禮君子之道譬猶坊焉夫

卦君子以施祿及下居德則忌王輔嗣曰居德而
明禁乃以則字為明字也
音韻之學自沈約為四聲及天竺梵學入中國其術
漸密觀古人諧聲有不可解者如玖字有字多與
李字協用慶字正字多與章字平字協用如詩或
群或友以燕天子彼留之子貽我佩玖投我以木
李報之以瓊玖終三十里十千維耦自今而後歲
其有君子有穀貽孫子陟降左右令聞不已膳夫
左右無不能止魚麗于罶鱨鯉君子有酒旨且有
如此極多又如孝孫有慶萬壽無疆黍稷稻粱農

夫之慶唯其有章矣是以有慶矣則篤其慶載錫之光我田既臧農夫之慶萬舞洋洋孝孫有慶易云西南得朋乃與類行東北喪朋乃終有慶積善之家必有餘慶積不善之家必有餘殃班固東都賦彰皇德兮侔周成永延長兮膺天慶如此亦多今賡韻中慶一音卿然如詩之未見君子憂心怲怲既得君子庶幾式臧誰秉國成卒勞百姓我王不寧覆怨其正亦是怲正與寧平協用不止慶而已恐別有理也

小律詩雖末技工之不造微不足以名家故唐人皆

盡一生之業為之至於字字皆鍊得之甚難但患觀者滅裂則不見其工故不唯為之難知音亦鮮設有苦心得之者未必為人所知若字字是皆無瑕可指語音亦摐麗但細論無光景意縱全一讀便盡更無可諷味此類最易為人激賞乃詩之折楊黃華也譬若三館楷書作字不可謂不精不麗求其佳處到死無一筆此病最難為醫也

王聖美治字學演其義以為右文古之字書皆從左文凡字其類在左其義在右如木類其左皆從木所謂右文者如戔小也水之小者曰淺金之小者

曰錢歹而小者曰殘貝之小者曰賤如此之類皆以戔為義也

王聖美為縣令時尚未知名謁一達官值其方與客談孟子殊不顧聖美聖美竊哂其所論久之忽顧聖美曰嘗讀孟子否聖美對曰平生愛之但都不曉其義主人問不曉何義聖美曰從頭不曉主人曰如何從頭不曉試言之聖美曰孟子曰見梁惠王已不曉此語達官深訝之曰此有何奧義聖美曰既云孟子不見諸侯因何見梁惠王其人愕然無對

楊大年因奏事論及比紅兒詩大年不能對甚以為
悵遍訪比紅兒詩終不可得忽一日見鬻故書者
有一小編偶取視之乃比紅兒詩也自此士大夫
始多傳之予按摭言比紅兒詩乃羅虬所為凡百
篇蓋當時但傳其詩而不載名氏大年亦偶忘摭
言所載晚唐士人專以小詩著名而讀書滅裂如
白樂天題座隅詩云俱化為餓殍作孚字押韻杜
牧杜秋娘詩云厭飫不能飴飴乃餳耳若作飲食
當音飲又陸龜蒙作藥名詩云烏啄蠹根回乃是
烏喙非烏啄也又斷續玉琴哀藥名止有續斷無

斷續此類極多如杜牧阿房宮賦誤用龍見而雩事字文時斛斯椿已有此繆盖牧未嘗讀周隋書也

往歲士人多尚對偶爲文穆脩張景輩始爲平文當時謂之古文穆張嘗同造朝待旦于東華門外方論文次適見有奔馬踐死一犬二人各記其事以較工拙穆脩曰馬逸有黃犬遇蹄而斃張景曰有犬死奔馬之下時文體新變二人之語皆拙澀當時已謂之工傳之至今

按史記年表周平王東遷二年魯惠公方即位則春

秋當始惠公而始隱故諸儒之論紛然乃春秋開
卷第一義也唯啖趙都不解始隱之義學者常疑
之唯於纂例隱公下注八字云惠公二年平王東
遷若爾則春秋自合始隱更無可論此啖趙所以
不論也然與史記不同不知啖趙得於何書又嘗
見士人石端集一紀年書考論諸家年統極為詳
密其叙平王東遷亦在惠公二年余得之甚喜亟
問石君云出一史傳中遍檢未得終未見的據史
記年表注東遷在平王元年辛未歲本紀中無說
諸侯世家言東遷却盡在庚午歲史記亦自差謬

莫知其所的

長安慈恩寺塔有唐人盧宗回一詩頗佳唐人諸集中不載今記于此東來曉日上翔鸞西轉蒼龍拂露盤渭水冷光搖藻井玉峯晴色墮闌干九重宮闕參差見百二山河表裏觀暫輟去蓬悲不定一凭金界望長安

古人詩有風定花猶落之句以為無人能對王荊公以對鳥鳴山更幽鳥鳴山更幽本宋王籍詩元對蟬噪林愈靜鳥鳴山更幽上下句只是一意風定花猶落鳥鳴山更幽則上句乃靜中有動下句動

中有静荆公始為集句詩多者至百韻皆集合前人之句語意對偶往往親切過於本詩後人稍稍有傚而為者

歐陽文忠嘗言曰觀人題壁而可知其文章矣

毗陵郡士人家有一女姓李氏年方十六歲頗能詩甚有佳句吳人多得之有拾得破錢詩云半輪殘月掩塵埃依稀猶有開元字想得清光未破時買盡人間不平事又有彈琴詩云昔年剛笑卓文君豈信絲桐解誤身今日未彈心巳亂此心元自不由人雖有情致乃非女子所宜也

退之城南聯句首句曰竹影金鎖碎所謂金鎖碎者乃日光耳非竹影也若題中有日字則曰竹影金鎖碎可也

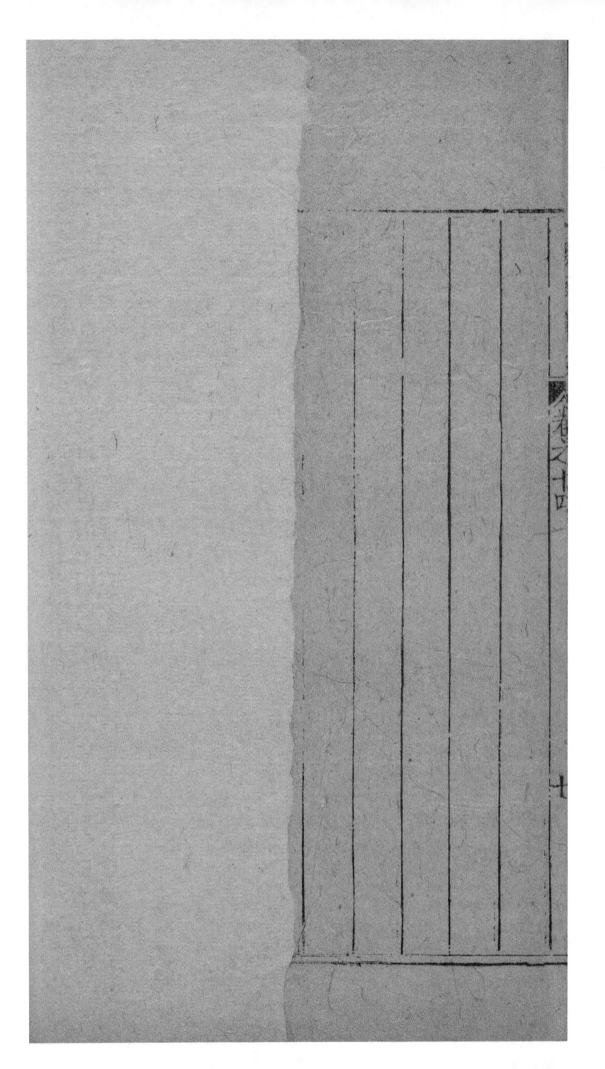

夢溪筆談全編卷十五

沈括　存中　述

藝文二

切韻之學本出于西域漢人訓字止曰讀如某字未用反切然古語已有二聲合為一字者如不可為叵何不為盍如是為爾而已為耳之乎為諸之類似西域二合之音盖切字之原也如輭字文從而犬亦切音也殆與聲俱生莫知從来今切韻之法先類其字各歸其母脣音舌音各八牙音喉音各四齒音十半齒半舌音二凡三十六分為五音天

下之聲總于是矣每聲復有四等謂清次清濁平也如顛天田年邦胮龐厖之類是也皆得之自然非人為之如幫滂字橫調之為五音幫當剛臧央是也(幫宮之清當商之清剛角之清臧徵之清央羽之清)縱調之為四等幫滂滂茫是也(幫宮之清滂宮之次清滂宮之濁茫宮之不清不濁)就本音本等調之為四聲幫牓傍博是也(幫宮之清平牓宮清之上傍宮清之去博宮清之入)四等之聲多有聲無字者如封峯逢止有三字邕胷止有兩字竦火欲以皆止有一字五音亦然滂湯康蒼止有四字四聲則有無聲亦有無字者如蕭字肴字全韻皆無入聲此皆聲之類也所

謂切韻者上字為切下字為韻切須歸本母韻須歸本等切歸本母謂之音和如德紅為東之類德與東同一母也字有重中重輕中輕本等聲盡泥入別等謂之類隔雖隔等須以其類謂脣與脣類齒與齒類如武延為綿符兵為平之類是也韻歸本等如冬與東字母皆屬端字冬乃端字中第一等聲故都宗切宗字第一等韻也以其歸精字故精徵音第一等聲東字乃端字中第三等聲故德紅切紅字第三等韻也以其歸匣字故匣羽音第三等聲又有牙用借聲類例頗多大都自沈約為四

聲音韻愈密然梵學則有華竺之異南渡之後又雜以吳音故音韻龐駁師法多門至於所分五音法亦不一如樂家所用則隨律命之本無定音常以濁者為宮稍清為商最清為角清濁不常為徵羽切韻家則定以脣齒牙舌喉為宮商角徵羽其間又有半徵半商者如来日二字是也皆不論清濁五行家則以韻類清濁參配今五姓是也梵學則喉牙齒舌脣之外又有折攝二聲折聲自臍輪起至脣上發如𤙖浮金反字之類是也攝字鼻音如歆字鼻中發之是也字母則有四十二曰阿多波

者那囉拖婆荼娑囀哆也瑟吒（二合）迦娑麼伽他社
鎖呼拖（前一拖輕呼此一拖重呼）奢佉乂（二合）娑多（二合）孃曷攞多
（二合）婆（上聲）車娑麼（二合）縒伽（上聲）吒拏娑頗（二合）娑迦（二合）也
娑（二合）室者（二合）佗陀為法不同各有理致雖先王所
不言然不害有此理歷世浸久學者日深自當造
微耳

幽州僧行均集佛書中字為切韻訓詁凡十六萬字
分四卷號龍龕手鏡燕僧智光為之序甚有詞辯
契丹重熙二年集契丹書禁甚嚴傳入中國者法
皆死熙寧中有人自虜中得之入傅欽之家蒲傳

正帥浙西取以鏤版其序末舊云重熙二年五月
序蒲公削去之觀其字音韻次序皆有理法後世
殆不以其為燕人也

古人文章自應律度未以音韻為主自沈約增崇韻
學其論文則曰欲使宮羽相變低昂殊節若前有
浮聲則後須切響一簡之內音韻盡殊兩句之中
輕重悉異妙達此旨始可言文自後浮巧之語體
制漸多如傍蹉對（蹉番千過反）假對雙聲疊韻之類詩
又有正格偏格類例極多故有三十四格十九圖
四聲八病之類今略舉數事如徐陵云陪遊馺娑

騁纖腰於結風長樂鴛鴦奏新聲於度曲又云㕞長樂之疎鍾勞中宮之緩箭雖兩長樂意義不同不為重復此類為傍犯如九歌蕙殽蒸兮蘭藉奠桂酒兮椒漿當曰蒸蕙殽對奠桂酒今倒用之謂之蹉對如自朱耶之狼狽致赤子之流離不唯赤對朱耶對子蕪狼狽流離乃獸名對鳥名又如廚人具雞黍稚子摘楊梅以雞對楊如此之類皆為假對如幾家村草裏吹唱隔江聞幾家村草對吹唱隔江皆雙聲如月影侵簪冷江光逼履清侵簪逼履皆疊韻詩第二字側入謂之正格如鳳曆軒

轅紀龍飛四十春之類第二字平入謂之偏格如四更山吐月殘夜水明樓之類唐名賢輩詩多用正格如杜甫律詩用偏格者十無一二

文潞公保洛日年七十八同時有中散大夫程煦朝議大夫司馬旦司封郎中致仕席汝言皆年七十八嘗為同甲會各賦詩一首潞公詩曰四人三百十二歲況是同生丙午年招得梁園為賦客合成商嶺採芝仙清譚亹亹風盈席素髮飄飄雪滿肩此會從來誠未有洛中應作畫圖傳

晚唐五代間士人作賦用事亦有甚工者如江文蔚

天窓賦一竅初啓如鑿開混沌之時两黾航飛類化作鶩鶩之後又土牛賦飲諸俄臨訝盟津之捧塞度關黨許疑函谷之丸封

河中府鸛雀楼三層前瞻中條下瞰大河唐人留詩者甚多唯李益王文奂暢諸三篇能狀其景李益詩曰鸛雀樓西百尺墻汀洲雲樹共茫茫漢家簫鼓隨流水魏國山河半夕陽事去千年猶恨速愁来一日即知長風烟併在思歸處遠目非春亦自傷王文奂詩曰白日依山盡黄河入海流欲窮千里目更上一層樓暢諸詩曰迥臨飛鳥上高出世

塵間天勢圍平野河流入斷山
慶曆間余在金陵有饔人以一方石鎮肉視之若有鐫刻試取石洗濯乃宋海陵王墓銘謝朓撰并書其字如鍾繇極可愛余攜之十餘年文思副使夏元昭借去遂託以墜水今不知落何處此銘朓集中不載今録于此中樞誕聖膺曆受命於稷二祖天臨海鏡顯允世宗温文著性三善有聲四國無競嗣德方衰時唯介弟景祚云及多難攸啓載驟載獵高闢代邸庶辟欣欣威儀濟濟亦既負扆言觀帝則正位恭已臨朝淵嘿虔思寶締負荷非克

敬順天人高遜明德西光已謝東龜又良龍壽誇夕
儼篠挽晨鏘風摇草色日照松光春秋非我晚夜
何長
棗與棘相類皆有刺棗獨生高而少横枝棘列生痺
而成林以此為别其文皆從朿音刺木芒刺也朿
而相戴立生者棗也朿而相比横生者棘也不識
二物者觀文可辨
金陵人胡恢博物强記善篆隷臧否人物坐法失官
十餘年潦倒貧困赴選集于京師是時韓魏公當
國恢獻小詩自達其一聯曰建業關山千里遠長

安風雪一家寒餓公深憐之令篆太學石經因此得復官任華州推官而卒

熙寧六年有司言日當蝕四月朔　上為徹膳避正殿一夕微雨明日不見日蝕百官入賀是日有皇子之慶蔡子正為樞密副使獻詩一首前四句曰昨夜薰風入舜韶君王未御正衙朝陽輝已得前星助陰沴潛隨夜雨消其叙四月一日避殿皇子慶誕雲陰不見日蝕四句盡之當時無能過之者

歐陽文忠好推挽後學王向少時為三班奉職幹當滁州一鎮時文忠守滁州有書生為學子不行束

脩自往詣之學子閉門不接書生訟于向向判其牒曰禮聞来學不聞往教先生既已自屈弟子寧不少高盍二物以收威豈兩辭而造獄書生不直向判徑持牒而見歐公公一閲大稱其才遂為之延譽奬進成就美名卒為聞人

夢溪筆談全編卷十六

沈括存中述

藝文二

士人劉克博觀異書杜甫詩有家家養烏鬼頓頓食黃魚世之說者皆謂夔峽間至今有鬼户乃夷人也其主謂之鬼主然不聞有烏鬼之說又鬼户者夷人所稱又非人家所養克乃按夔州圖經稱峽中人謂鸕鷀為烏鬼蜀人臨水居者皆養鸕鷀繩繫其頸使之捕魚得魚則倒提出之至今如此余在蜀中見人家養鸕鷀使捕魚信然但不知謂之

烏鬼耳

和魯公有艷詞一編名香奩集凝後貴乃嫁其名為韓偓今世傳韓偓香奩集乃凝所為也凝生平著述分為演綸遊藝孝悌疑獄香奩籯金六集自為遊藝集序云余有香奩籯金二集不行於世凝在政府避議論諱其名又欲後人知故於遊藝集序實之此凝之意也余在秀州其曾孫和惇家藏諸書皆魯公舊物末有印記甚完

蜀人魏野隱居不仕宦善為詩以詩著名卜居陝州東門之外有陝州平陸縣詩云寒食花藏縣重陽

菊遶灣一聲離岸櫓數點别州山最為警句所居頗蕭灑當世顯人多與之遊寇忠愍尤愛之嘗有贈忠愍詩云好向上天辭富貴却來平地作神仙後忠愍鎮北都召野置門下北都有妓女美色而舉止生梗土人謂之生張八因府會忠愍令乞詩于野野贈之詩曰君為北道生張八我是西州熟魏三莫怪樽前無笑語半生半熟未相諳吴正憲憶陝郊詩云南郭迎天使東郊訪隱人隱人謂野也野死有子閑亦有清名今尚居陝中

夢溪筆談全編卷十六

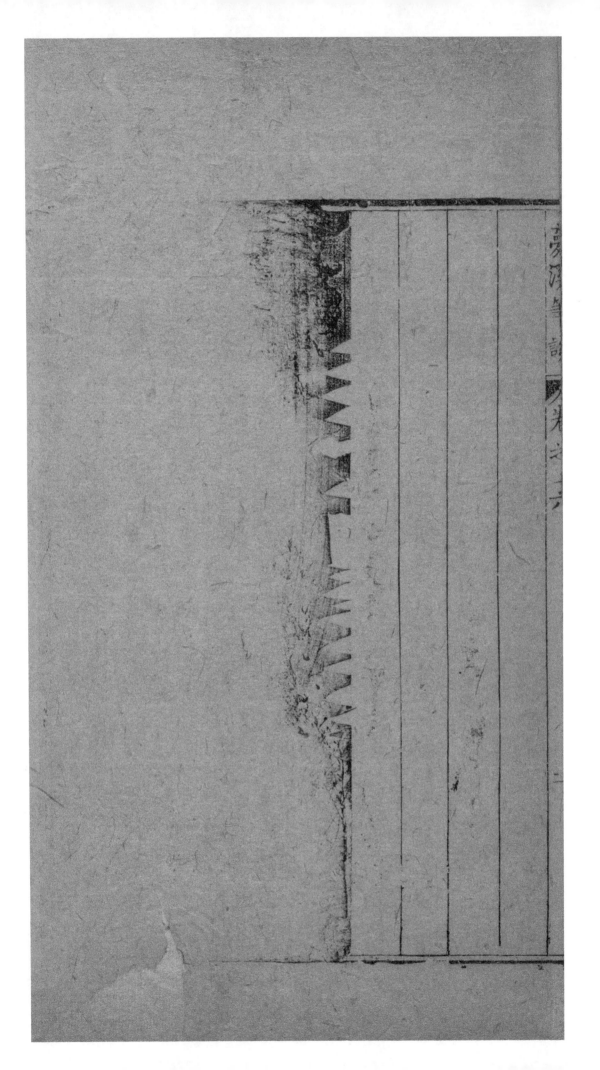

夢溪筆談全編卷十七

沈括存中述

書畫

藏書畫者多取空名偶傳為鍾王顧陸之筆見者爭售此所謂耳鑒又有觀畫而以手摸之相傳以為色不隱指者為佳画此又在耳鑒之下謂之揣骨聽聲歐陽公嘗得一古畫牡丹叢其下有一猫未知其精粗丞相正肅吳公與歐公姻家一見曰此正午牡丹也何以明之其花披哆而色燥此日中時花也猫眼黑睛如線此正午猫眼也有帶露花

則房歛而色澤猫眼早暮則睛圓日漸中狹長正午則為一線耳此亦善求古人心意也

相國寺舊畫壁乃高益之筆有畫衆工奏樂一堵最有意人多病擁琵琶者誤撥下絃衆管皆發四字琵琶四字在上絃此撥乃掩下絃誤也余以謂非誤也蓋管以發指為聲琵琶以撥過為聲此撥掩下絃則聲在上絃也益之布置尚能如此其心匠可知

書畫之妙當以神會難可以形器求也世之觀畫者多能指摘其間形象位置彩色瑕疵而已至於奥

理冥造者罕見其人如彥遠畫評言王維畫物多
不問四時如畫花往往以桃杏芙蓉蓮花同畫一
景余家所藏摩詰畫袁安卧雪圖有雪中芭蕉此
乃得心應手意到便成故其理入神迥得天意此
難可與俗人論也謝赫云衛協之畫雖不該備形
妙而有氣韻凌跨群雄曠代絕筆又歐文忠盤車
圖詩云古畫畫意不畫形梅詩咏物無隱情忘形
得意知者寡不若見詩如見畫此真爲識畫也
王仲至閱吾家畫最愛王維畫黄梅出山圖盖其所
圖黄梅曹溪二人氣韻神檢皆如其爲人讀二人

事迹還觀所畫可以想見其人
國史譜言客有以按樂圖示王維維曰此霓裳第三疊第一拍也客未然引工按曲乃信此好奇者為之凡畫奏樂止能畫一聲不過金石管絃同用一字耳何曲無此聲豈獨霓裳第三疊第一拍也或疑舞節及他舉動拍法中別有奇聲可驗此亦不然霓裳曲凡十三疊前六疊無拍至第七疊方謂之疊遍自此始有拍而舞作故白樂天詩云中序擘騞初入拍中序即第七疊也第三疊安得有拍但言第三疊第一拍即知其妄也或說嘗有人觀

畫彈琴圖曰此彈廣陵散也此或可信廣陵散中有數聲他曲皆無如潑攦聲之類是也

畫牛虎皆畫毛惟馬不畫余嘗以問畫工工言馬毛細不可畫余難之曰鼠毛更細何故却畫工不能對大凡画馬其大不過盈尺此乃以大為小所以毛細而不可畫鼠乃如其大自當畫毛然牛虎亦是以大為小理亦不應見毛但牛虎深毛馬淺毛理須有别故名輩為小牛小虎雖畫毛但略拂拭而已若務詳密翻成冗長約畧拂拭自有神觀迥然生動難可與俗人論也若畫馬如牛虎之大者

理當畫毛蓋見小馬無毛遂亦不潙此庸人襲迹非可與論理也又李成畫山上亭館及樓塔之類皆仰畫飛簷其說以為自下望上如人平地望塔簷間見其榱桷此論非也大都山水之法蓋以大觀小如人觀假山耳若同真山之法以下望上只合見一重山豈可重重悉見兼不應見其谿谷間事又如屋舍亦不應見中庭及後巷中事若人在東立則山西便合是遠境人在西立則山東却合是遠境似此如何成畫李君蓋不知以大觀小之法其間折高折遠自有妙理豈在撇屋角也

畫工畫佛身光有匾圓如扇者身側則光亦側此大謬也渠但見雕木佛耳不知此光常圓也又有畫行佛光尾向後謂之順風光此亦謬也佛光乃定果之光雖劫風不可動豈常風能摇哉

古文己字從一從亡此乃通貫天地人與王字義同中則為王或左或右則為己僧肇曰會萬物為一己者其惟聖人乎子曰下學而上達人不能至于此皆自成之也得己之全者如此

度支員外郎宋迪工画尤善為平遠山水其得意者有平沙鴈落遠浦帆歸山市晴嵐江天暮雪洞庭

秌月瀟湘夜雨烟市晚鍾漁村落照謂之八景好事者多傳之往歲小窐村陳用之善畫迪見其畫山水謂用之曰汝畫信工但少天趣用之深伏其言曰常患其不及古人者正在於此迪曰此不難耳汝先當求一敗牆張絹素訖倚之敗牆之上朝夕觀之觀之旣久隔素見敗牆之上高平曲折皆成山水之象心存目想高者為山下者為水坎者為谷缺者為澗顯者為近晦者為遠神領意造怳然見其有人禽草木飛動往來之象了然在目則隨意命筆默以神會自然境皆天就不類人為是

謂活筆用之自此晝格進

古文自變隸其法已錯亂後轉為楷字愈益訛舛殆不可考如言有口為吳無口為天按字書吳字本從口從矢（音捩）非天字也此同近世謬從楷法言之至如兩漢篆文尚未廢亦有可疑者如漢武帝以隱語召東方朔云先生来来解云来来棗也按棗從朿（音刺）不從来此或是後人所傳非當時語如卯金刀為劉貨泉為白水真人此則出於緯書乃漢人之語按劉字從丣（音酉）從金如柳駋留皆從丣非丣字也貨從貝真乃從具亦非一法不知緣何如

此字書與本史所記必有一誤也

唐韓偓為詩極清麗有手寫詩百餘篇在其四世孫奕處偓天復中避地泉州之南安縣子孫遂家焉慶曆中予過南安見奕出其手集字極淳勁可愛後數年奕詣闕獻之以忠臣之後得司士參軍終于殿中丞又余在京師見偓送荅光上人詩亦墨跡也與此無異

江南徐鉉善小篆映日視之畫之中心有一縷濃墨正當其中至于屈折處亦當中無有偏側處乃筆鋒直下不倒側故鋒常在畫中此用筆之法也鉉

嘗自謂吾晚年始得蝸匾之法凡小篆喜瘦而長
蝸匾之法非老筆不能也

名画録吳道子嘗画佛留其圓光當大會中對萬衆
舉手一揮圓中運規觀者莫不驚呼畫家為之自
有法但以肩倚壁盡臂揮之自然中規其筆畫之
粗細則以一指拒壁以為准自然均匀此無足奇
道子妙處不在於此徒驚俗眼耳

晉宋人墨迹多是弔喪問疾書簡唐正觀中購求前
世墨迹甚嚴非弔喪問疾書迹皆入内府士大夫
家所存皆當日朝廷所不取者所以流傳至今

鯉魚當脇一行三十六鱗鱗有黑文如十字故謂之
鯉文從魚里者三百六十也然井田法即以三百
步為一里恐四代之法容有不相襲者

國初江南布衣徐熙偽蜀翰林待詔黃筌皆以善畫
著名尤長於畫花竹蜀平黃筌幷二子居寶居實
弟惟亮皆隸翰林圖畫院擅名一時其後江南平
徐熙至京師送圖畫院品其畫格諸黃畫花妙在
賦色用筆極新細殆不見墨迹但以輕色染成謂
之寫生徐熙以墨筆畫之殊草草畧施丹粉而已
神氣迥出別有生動之意筌惡其軋己言其畫麄

惡不入格罷之熈之子乃效諸黄之格更不用墨
筆直以彩色圖之謂之沒骨圖工與諸黄不相下
筌遂不復能瑕疵遂得齒院品然其氣韻皆不及
熈遠甚

余從子遼喜學書嘗論曰書之神韻雖得之於心然
法度必資講學嘗患世之作字分制無法凡字有
兩字三四字合為一字者須字字可拆若筆畫多
寡相近者須令大小均停所謂筆畫相近如殺字
乃四字合為一當使乂木几又四者大小皆均如
尗字乃二字合當使上與小二者大小長短皆均

若筆畫多寡相遠即不可强牽使停寡在左則取上齊寡在右則取下齊如從口從金此多寡不同也唫即取上齊釦則取下齊如從尗從又及從口從胃三字合者多寡不同則叔當取下齊喟當取上齊如此之類不可不知又曰運筆之時常使意在筆前此古人良法也

王羲之書舊傳唯樂毅論乃羲之親書于石其佗皆紙素所傳唐太宗裒聚二王墨迹惟樂毅論石本其後隨太宗入昭陵朱梁時耀州節度使温韜發昭陵得之復傳人間或曰公主以偽本易之元不

曾入壙本朝入高紳學士家皇祐中紳之子高安世為錢塘主簿樂毅論在其家余嘗見之時石已破缺末後獨有一海字者是也其家後十餘年安世在蘇州石已破為數片以鐵束之後安世死石不知所在或云蘇州一富家得之亦不復見今傳樂毅論皆摹本也筆畫無復昔之清勁羲之小楷字於此殆絕遺教經之類皆非其比也

至鉷據陝州集天下良工畫壽聖寺壁為一時妙絕畫工凡十八人皆殺之同為一坎瘞于寺西廂使天下不復有此筆其不道如此至今尚有十堵餘

其間西廊迎佛舍利東院佛母壁最奇妙神彩皆欲飛動又有皃母瘦佛二壁差次其餘亦不甚過人

江南中主時有北苑使董源善畫尤工秋嵐遠景多寫江南真山不為奇峭之筆其後建業僧巨然祖述源法皆臻妙理大抵源及巨然畫筆皆宜遠觀其用筆甚草草近視之幾不類物象遠觀則景物粲然幽情遠思如覩異境如源畫落照圖近視無功遠觀村落杳然深遠悉是晚景遠峯之頂宛有反照之色此妙處也

卷終

夢溪筆談全編卷十八

沈括 存中 述

技藝

造舍之法謂之木經或云喻皓所撰凡屋有三分去聲自梁以上為上分地以上為中分階為下分凡梁長幾何則配極幾何以為榱等如梁長八尺配極三尺五寸則廳堂法也此謂之上分楹若干尺則配堂基若干尺以為榱等若楹一丈一尺則階基四尺五寸之類以至承拱榱桷皆有定法謂之中分階級有峻平慢三等宮中則以御輦為法凡自

下而登前竿垂盡臂後竿展盡臂為峻道荷輦十二人前二人曰前竿次二人曰前絛又次曰前脅後一人曰后脅又後曰後絛末後曰後竿輦前隊長一人曰傳倡後一人曰報賽前竿平肘後竿平肩為慢道前竿垂手後竿平肩為平道此之謂下分其書三卷近歲土木之工益為嚴善舊木經多不用未有人重為之亦良工之一業也

審方面勢覆量高深遠近算家謂之叀術叀文象形如繩木所用墨斗也求星辰之行步氣朔消長謂之綴術謂不可以形察但以算數綴之而已北齊祖亘有綴術二卷

算術求積尺之法如芻甍芻童方池冥谷塹堵鱉臑圓錐陽馬之類物形備矣獨未有隙積一術古法凡算方積之物有立方謂六幕皆方者其法再自乘則得之有塹堵謂如土墻者兩邊殺兩頭齊其法併上下廣折半以為之廣以直高乘之又以直高為句以上廣减下廣餘者為股句股乘弦以為斜高有芻童謂如覆斗者四面皆殺其法倍上長加入下長以上廣乘之倍下長加入上長以下廣乘之併二位法以高乘之六而一隙積者謂積之有隙者如累棊層壇及酒家積罌之類雖以覆斗

四面皆殺緣有剋缺及虛隙之處用芻童法求之常失於數少余思而得之用芻童法為上行下行別列下廣以上廣減之餘者以高乘之六而一併入上行假令積罌最上行縱橫各二罌最下行各十二罌行〻相次先以上二行相次率至十二當十一行也以芻童法求之倍上行長得四併入下長得十六以上廣乘之得之二十二又倍下長得十六併入上長得四十六以下廣乘之得三百一十二併二倍得三百四十四以高乘之得二千七百八十四重列下廣十二以上廣減之餘十以高乘之得一百一十併分上行得三千八百九十四六而一得六百四十九此為罌數也芻童求見實方之積隙積求見合角不盡益出羨餘也

履畝之法方圓曲直盡矣未有會圓之術凡圓田既能折之須使會之復圓古法惟以中破圓法折

之其失有及三倍者余别為析會之術置圓田徑半之以為弦又以半徑減去所割數餘者為股各自乘以股除弦餘者開方除為勾倍之為割田之直徑以所割之數自乘退一位倍之又以圓徑除所得加入直徑為割田之弧再割亦如之減去已割之數則再割之數也假令以圓田徑十步欲割二步以半徑為弦五步自乘得二十五又以半徑減去所割二步餘三步為股自乘得九用減弦外有十六開平方除得四步為勾倍之為所割自徑以所割之數二步自乘為四倍之得為八退上一倍為四尺以圓徑除今圓徑十已是盈數無可除只用四尺如入直徑為所割之弦凡得圓徑入步四尺也再割亦依此法如圓徑二十步求弦數則當折半乃所謂以圓徑除之此二類皆造微之術古

書所不到者漫志于此

蹙融或謂之蹙戎漢書謂之格五雖止用數棊共行一道亦有能否徐德占善移遂至無敵其法已常欲有餘裕而致敵人於嶮雖知其術止如是然卒莫能勝之

予伯兄善射自能為弓其弓有六善一者往體少而勁二者和而有力三者久射力不屈四者寒暑力一五者弦聲清實六者一張便正凡弓往體少則易張而壽但患其不勁欲其勁者妙在治筋凡筋生長一尺乾則減半以膠湯濡而梳之復長一尺然後用則筋力已盡無復伸弛又揉其材令仰然

後傳角與筋此兩法所以為筋也凡弓節短則和而虛（虛謂挽過吻則無力）節長則健而柱（柱謂挽過吻則木強而不來節謂把梢裨木長則柱短則虛）節得中則和而有力仍弦聲清實凡弓初射與天寒則勁強而難挽射久天暑則弱而不勝矢此膠之為病也凡膠欲薄而筋力盡強弱任筋而不任膠此所以射久力不屈寒暑力一也弓所以為正者材也相材之法視其理其理不因矯揉而直中繩則張而不跛此弓人之所當知也

小說唐僧一行曾算棋局都數凡若干局盡之余嘗思之此固易耳但數多非世間名數可能言之今

略舉大數凡方二路用四子可變八千十一局方三路用九子可變一萬九千六百八十三局方四路用十六子可變四千三百四萬六千七百二十一局方五路用二十五子可變八千四百七十二億八千八百六十萬九千四百四十三局古法十萬為億十億為兆萬兆為秭筭家以萬〻為億萬〻億為兆萬〻兆為垓今且以筭家數計之方六路用三十六子可變十五兆九十四萬六千三百五十二億八千二百三萬一千九百二十六局方七路以上數多無名可紀盡三百六十一路大約連書萬字五十二即是局之大數萬字五十二最下萬字是萬局

第二是萬〻局第三是萬億局第四是億兆局第五是萬兆局第六是萬〻兆謂之一垓第七是垓
局第八是萬〻垓第九是萬倍萬〻垓此外無名可紀但五十二次萬倍乘之即是都大数零中数
不與其法初一路可變三局一黑一白一空自後不以横直
但增一子即三因之凡三百六十一增皆三因之
即是都局数又法先計循邊一行為法凡十九路得一十億
六千二百二十六萬一千四百六十七局凡加一行即以法累乘之乘
終十九行亦得上數又法以自法相乘得一百三十五兆八
百五十一萬七千一百七十四億四千八百二十八萬七千三百三十四局此是兩行凡三十八路
變得此數也下位副置之以下乘上又以下乘下置為
上位又副置之以下乘上以下乘下加一法亦得

上數有數法可求唯此法最徑捷只五次乘便盡三百六十一路千變萬化不出此數碁之局盡矣

西京雜記云漢元帝好蹴踘以蹴踘為勞求相類而不勞者遂為彈碁之戲余觀彈碁絕不類蹴踘頗與擊踘相近疑是傳寫誤耳唐薛嵩好蹴踘劉鋼勸止之曰為樂甚衆何必乘危邀頃刻之歡此亦擊踘唐書誤述為蹴踘彈碁今人罕為之有譜一卷盡唐人所為其局方二尺中心高如覆盂其巔為小壺四角微隆起今大名開元寺佛殿上有一石局亦唐時物也李商隱詩曰玉作彈棋局中心最

不平謂其中高也白樂天詩彈棊局上事最玅是長斜長斜謂抹角斜彈一發過半局今譜中具有此法柳子厚叙棋用二十四棊者即此戲也漢書注云兩人對局白黑子各六枚與子厚所記小異如奕棋古局用十七道合二百八十九道黑白棋各百五十亦與後世法不同

算術多門如求一上驅搭因重因之類皆不離乘除唯增成一法稍異其術都不用乘除但補虧就盈而已假如欲九除者增一便是八除者增二便是但一位一因之若位數少則頗簡捷位數多則愈

繁不若乘除之有常然算術不患多學見簡即用
見繁即變不膠一法乃為通術也

版印書籍唐人尚未盛為之自馮瀛王始印五經已
後典籍皆為版本慶曆中有布衣畢昇又為活版
其法用膠泥刻字薄如錢脣每字為一印火燒令
堅先設一鐵版其上以松脂臘和紙灰之類冒之
欲印則以一鐵範置鐵板上乃密布字印滿鐵範
為一板持就火煬之藥稍鎔則以一平板按其面
則字平如砥若止印三二本未為簡易若印數十
百千本則極為神速常作二鐵板一板印刷一板

一已自布字此印者纔畢則第二板已具更互用之
瞬息可就每一字皆有數印如之也等字每字有
二十餘印以備一板内有重複者不用則以紙貼
之每韻為一貼木格貯之有奇字素無備者旋刻
之以草火燒瞬息可成不以木為之者木理有疎
密沾水則高下不平兼與藥相粘不可取不若燔
土用訖再火令藥鎔以手拂之其印自落殊不沾
污昇死其印為余群從所得至今寶藏

淮南人衛朴精於曆術一行之流也春秋日蝕三十
六諸曆通驗者不過得二十六七唯一行得二十

七朴乃得三十五唯莊公十八年一蝕今古筭皆不入蝕法疑前史誤耳自夏仲康五年癸巳歲至熙寧六年癸丑凡三千六百一年書傳所載日食凡四百七十五衆曆考驗雖各有得失而朴所得為多朴能不用筭推古今日月蝕但口誦乘除不差一筭凡大曆悉是筭數令人就耳一讀即能暗誦傍通曆則縱横誦之甞令人寫曆書寫訖令附耳讀之有差一筭者讀至其處則曰此誤某字其精如此大乘除皆不下照位運籌如飛人眼不能逐人有故移其一筭者朴自上至下手循一遍至

移筭處則撥正而去熙寧中撰奉元曆以無候簿

未能盡其術自言得六七而已然已密於他曆

醫用艾一灼謂之一壯者以壯人為法其言若干壯

壯人當依此數老幼羸弱量力減之

四人分曹共圍棋者有術可令必勝以我曹不能者

立于彼曹能者之上令但求急先攻其必應則彼

曹能者為其所制不暇恤局則常以我曹能者當

彼不能者此虞卿鬭馬術也

西戎用羊卜謂之跋焦卜師謂之厮乩必定反以艾灼

羊髀骨視其兆謂之死跋焦其法兆之上為神明

近脊處為坐位坐位者主位也近傍處為客位蓋西戎之俗所居正寢常留中一間以奉鬼神不敢居之謂之神明主人乃坐其傍以此占主客勝負又有先呪粟以食羊羊食其粟則自搖其首乃殺羊視其五藏謂之生跋焦其言極有驗委細之事皆能言之生跋焦土人尤神之

錢氏據兩浙時於杭州梵天寺建一木塔方兩三級錢帥登之患其塔動匠師云未布瓦上輕故如此方以瓦布之而動如初無可奈何密使其妻見喻皓之妻賂以金釵問塔動之因皓笑曰此易耳但

逐層布板訖便實釘之則不動矣匠師如其言塔遂定盖釘板上下彌束六幕相聯如胠篋人履其板六幕相持自不能動人皆伏其精練

醫者所論人鬚髮眉雖皆毛類而所主五藏各異故有老而鬚白眉髮不白者或髮白而鬚眉不白者藏氣有所偏故也大率髮屬於心禀火氣故上生鬚屬腎禀水氣故下生眉屬肝故側生男子腎氣外行上為鬚下為勢故女子宦人無勢則亦無鬚而眉髮無異於男子則知不屬腎也

醫之為術苟非得之於心而恃書以為用者未見能

臻其妙如朮能動鍾乳按乳石論曰服鍾乳當終身忌朮五石諸散用鍾乳為主復用朮理極相反不知何謂余以問老醫皆莫能言其義按乳石論云石性雖温而體本沉重必待其相蒸薄然后發如此則服石多者勢自能相蒸若更以藥觸之其發必甚五石散雜以衆藥用石殊少勢不能蒸須藉外物激之令發耳如火少必因風氣所鼓而後發火盛則鼓之反為害此自然之理也故孫思邈云五石散大猛毒寧食野葛不服五石遇此方即須焚之勿為含生之害又曰人不服石庶事不佳

石在身中萬事休泰唯不可服五石散盖以五石散聚其所惡激而用之其發暴故也古人處方大體如此非此書所能盡也况方書仍多偽雜如神農本草最為舊書其間差誤尤多醫不可以不知也

余一族子舊服芎藭醫鄭叔熊見之云芎藭不可久服多令人暴死後族子果無疾而卒又余姻家朝士張子通之妻因病腦風服芎藭甚久亦一旦暴亡皆余目見者又余嘗苦腰重久坐則旅拒十餘步然後能行有一將佐見余曰得無用苦參潔齒

否余時以病齒用苦參數年矣曰此病由也苦參入齒其氣傷腎能使人腰重後有太常少卿舒昭亮用苦參揩齒歲久亦病腰自後悉不用苦參腰疾皆愈此皆方書舊不載者

世之摹字者多為筆勢牽製失其舊迹須當橫摹之汎然不問其點畫惟舊迹是循然後盡其妙也

古人以散筆作隸書謂之散隸近歲蔡君謨又以散筆作草書謂之散草或曰飛草其法皆生於飛白亦自成一家

四明僧奉真良醫也天章閣待制許元為江淮發運

使奏課于京師方欵入對而其子疾亟瞑而不食惙〻欲逾宿矣使奉真視之曰脾已絕不可治死在明日元曰觀其疾勢固知其不可救今方有事須陛對能延数日之期否奉真曰如此似可諸臓皆已衰唯肝臓獨過脾爲肝所勝其氣先絕一臓絕則死若急瀉肝氣令肝氣衰則脾少緩可延三日過此無術也乃投藥至晚乃能張目稍稍復啜粥明日漸蘇而能食元甚喜奉真咲曰此不足喜肝氣暫舒耳無能爲也後三日果卒

◎

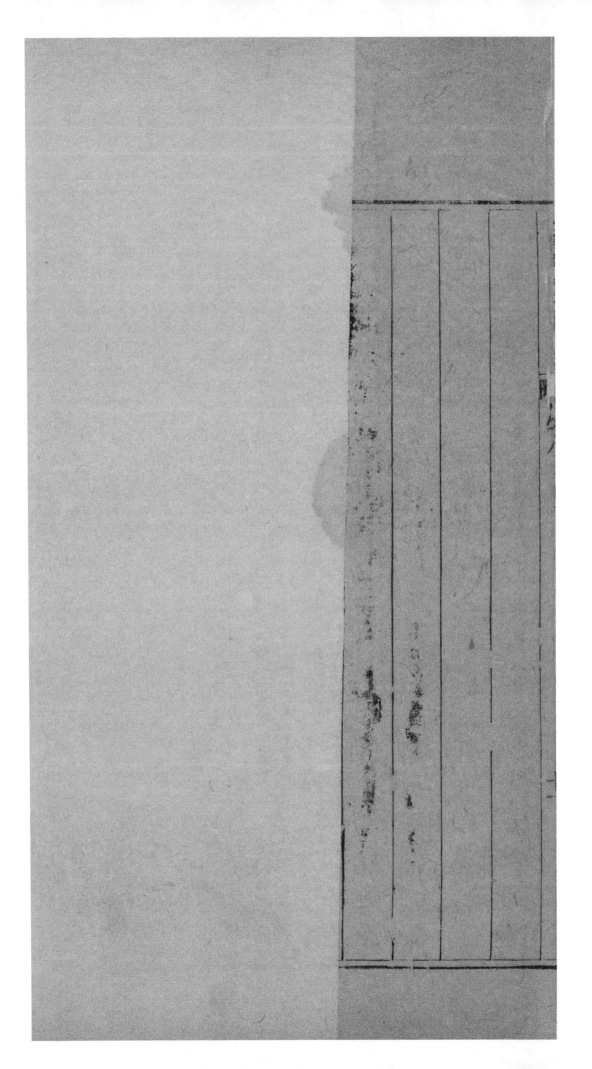

夢溪筆談全編卷十九

沈括 存中 述

器用

禮書所載黃彝乃畫人目為飾謂之黃目余遊關中得古銅黃彝殊不然其刻畫甚繁大體似繆篆又如闌楯間所畫回波曲水之文中間有二目如大弾丸突起煌煌然所謂黃目也視其文髣髴有牙角口吻之象或說黃目乃自是一物又余昔年在姑熟王敦城下土中得一銅鉦刻其底曰諸葛士全茖鳴鉦茖即古落字也此部落之落士全部將

名耳鉦中間鑄一物有角羊頭其身亦如篆文如今時術士所畫符傍有兩字乃大篆飛廉字篆文亦古怪則鉦間所圖盖飛廉也飛廉神獸之名淮南轉運使韓持正亦有一鉦所圖飛廉及篆字與此亦同以此驗之則黄目疑亦是一物飛廉之類其形狀如字非字如畫非畫恐古人别有深理大底先王之器皆不苟為昔夏后鑄鼎以知神姦殆亦此類恨未能深究其理必有所謂或曰禮圖樽彝皆以木為之未聞用銅者此亦未可質如今人得古銅樽者極多安得言無如禮圖瓮以瓦為之

左傳郜有瑤罋律以竹為之晉時舜祠下乃發得玉律此亦無常法如蒲穀璧禮圖悉作草稼之象今世人發古冢得蒲璧乃刻文蓬〻如蒲花敷時穀璧如粟粒耳則禮圖亦未可為據

禮書言罍畫雲罍之象然莫知雷作何狀今祭器中畫雷有作鬼神伐鼓之象此甚不經余嘗得一古銅罍環其腹皆有畫正如人間屋梁所畫曲水細觀之乃是雲雷相間為飾如ᘓ者古雲字也象雲氣之形如◎者雷字也古文◎為雷象回旋之聲其銅罍之飾皆一ᘓ一◎相間乃所謂雲雷之象

也今漢字壘字疊盖古人以此飾壘後世自失傳耳

唐人詩多有言吳鉤者吳鉤刀名也刃彎今南蠻用之謂葛黨刀

古法以牛革為矢服卧則以為枕取其中虛附地枕之數里内有人馬聲則皆聞之盖虛能納聲也

鄆州發地得一銅弩機甚大製作極工其側有刻文曰臂師虞士耳師張柔史傳無此色目人不知何代物也

熙寧中李定獻偏架弩似弓而施幹鐙以鐙距地而

張之射三百步能洞重扎謂之神臂弓最為利器

李定本党項羌酋自投歸朝廷官至防團而死諸子皆以驍勇雄於西邊

古劍有沈盧魚腸之名沈音湛沈盧謂其湛湛然黑色也古人以劑鋼為幹柔鐵為莖幹不爾則多斷折劍之鋼者刃多毀缺巨闕是也故不可純用劑鋼魚腸即今蟠鋼劍也又謂之松文取諸魚燔熟褫去脅視見其腸正如今之蟠鋼劍文也

濟州金鄉縣發一古塚乃漢大司徒朱鮪墓石壁皆刻人物祭器樂架之類人之衣冠多品有如今之

幞頭者巾額皆方悉如今制但無脚耳婦人亦有如今之垂肩冠者如近年所服角冠兩翼抱面下垂及肩畧無小異人情不相遠千餘年前冠服已嘗如此其祭器亦有類今之食器者

古人鑄鑑〻大則平鑑小則凸凡鑑窪則照人面大凸則照人面小〻鑑不能全視人面故令微凸收人面令小則鑑雖小而能全納人面仍復量鑑之小大增損高下常令人面與鑑大小相若此工之巧智後人不能造比得古鑑皆刮磨令平此師曠所以傷知音也

長安故宮闕前有唐肺石尚在其制如佛寺所擊響石而甚大可長八九尺形如垂肺亦有款誌但漫剥不可讀按秋官大司寇以肺石達窮民原其義乃伸冤者擊之立其下然後士聽其辭如今之撾登聞鼓也所以肺形者便如垂又肺主聲〻所以達其冤也

熙寧中嘗發地得大錢三十餘千文皆順天得一當時在庭皆疑古無得一年號莫知何代物余按唐書史思明僭號鑄順天得一錢順天乃其僞年號得一特以名鑄錢耳非年號也

世有透光鑑鑑背有銘文凡二十字字極古莫能讀以鑑承日光則背文及二十字皆透在屋壁上了了分明人有原其理以謂鑄時薄處先冷唯背文上差厚後冷而銅縮多文雖在背而鑑面隱然有迹所以於光中現余觀之理誠如是然余家有三鑑又見他家所藏皆是一樣文畫銘字無纖異者形制甚古唯此一樣光透其他鑑雖至薄者皆莫能透意古人别自有術

余頃年在海州人家穿地得一弩機其望山甚長望山之側為小矩如尺之有分寸原其意以目注鏃

端以望山之度擬之准其高下正用筭家句股法也太甲曰往省括于度則釋疑此乃度也漢陳王寵善弩射一發十中、、皆同處其法以天覆地載參連為奇三微三小三微為經三小為緯要在機牙其言隱晦難曉大意天覆地載前後手勢耳三連為奇謂以度視鏃以鏃視的參連如衡此正是句股度高深之術也三經三緯則設之於塒以誌其高下左右耳余嘗設三經三緯以鏃注之發矢亦十得七八後度于機定加密矣

余於關中得一銅匜其臂有刻文二十字曰律人衡

蘭注水匜容一升始建國元年二月癸卯造皆小
篆律人當是官名王莽傳中不載

青堂羌善鍛甲鐵色青黑瑩徹可鑑毛髮以麝皮為
綑旅之柔薄而韌鎮戎軍有一鐵甲匱藏之相傳
以為寶器韓魏公帥涇原曾取試之去之五十步
強弩射之不能入嘗有一矢貫札乃其中其鑽空
為鑽空所刮鐵皆反卷其堅如此凡鍛甲之法其
始甚厚不用火冷鍛之比元厚三分減二乃成其
末留筋頭許不鍛隱然如瘊子欲以驗未鍛時厚
薄如浚河留土筍也謂之瘊子甲今人多於甲札

之背隱起僞爲瘢子雖置瘢子但元非精鋼或以
火鍛爲之皆無補於用徒爲外飾而已
朝士黄秉少居長安遊驪山值道士理故宫石渠石
下得折玉釵刻爲鳳首已皆破缺然製作精巧後
人不能爲也鄭愚津陽門詩云破簪碎細不足拾
金溝淺溜和纓緌非語虚也余又曾過金陵人有
發六朝陵寢得古物甚多余曾見一玉臂釵兩頭
施轉關可以屈伸合之令圓近於無縫爲九龍繞
之功侔鬼神世多謂前古民醇工作率多鹵拙是
大不然古物至巧正由民醇故也民醇則百工不

爲後世風俗雖侈而工之致力不及古人故物多
不精

屋上覆橑古人謂之綺井亦曰藻井又謂之覆海今
令文中謂之鬭八吳人謂之罳頂唯宮室祠觀爲
之

今人地中得古印章多是軍中官古之佩章罷免遷
死皆上印綬得以印綬葬者極稀土中所得多是
沒於行陣者

大駕玉輅唐高宗時造至今進　御自唐至今凡三
至泰山登封其佗巡幸莫計其數至今完壯乘之

夢溪筆談全編卷

夢溪筆談全編卷二十

沈括　存中　述

神奇

世人有得雷斧雷楔者云雷神所墜多於震雷之下得之而未嘗親見元豐中予居隨州夏月大雷震一木折其下乃得一楔信如所傳凡雷斧多以銅鐵爲之楔乃石耳似斧而無孔世傳雷州多雷有雷祠在焉其間多雷斧雷楔按圖經雷州境内有雷擎二水雷水貫城下遂以名州如此則雷自是水名言多雷乃妄也然高州有電白縣乃是鄰境

又何謂也

越州應天寺有鰻井在一大磐石上其高數丈井纔方數寸乃一石竅也其深不可知唐徐浩詩云深泉鰻井開即此也其来亦遠矣鰻時出遊人取之置懷袖間了無驚猜如鰻而有鱗兩耳甚大尾有刃跡相傳云黄巢曾以劍剸之凡鰻出遊越中必有水旱疫癘之災鄉人常以此候之

治平元年常州日禺時天有大聲如雷乃一大星幾如月見于東南少時而又震一聲移著西南又一震而墜在宜興縣民許氏園中遠近皆見火光赫

然照天許氏藩籬皆為所焚是時火息視地中有一竅如杯大極深下視之星在其中熒熒然良久漸暗尚熱不可近又久之發其竅深三尺餘乃得一圓石猶熱其大如拳一頭微鋭色如鐵重亦如之州守鄭伸得之送潤州金山寺至今匣藏遊人到則發視王無咎為之傳甚詳

山陽有一女巫其神極靈予伯氏嘗召問之凡人間物雖在千里之外問之皆能言乃至人中心萌一意已能知之坐客方奕棋試數白黑棊握手中問其數莫不符合更漫取一把棋不數而問之則亦

不能知數蓋人心所知者彼則知之心所無則莫能知如季咸之見壺子大耳三藏觀忠國師也又問以巾篋中物皆能悉數時伯氏有金剛經百冊盛一大篋中指以問之其中何物則曰空篋也伯氏乃發以示之曰此有百冊佛經安得曰空篋鬼良久又曰空篋耳安得欺我此所謂文字相空因真心以顯非相宜其鬼神所不能窺也

神仙之說傳聞固多余之目覩者二事供奉官陳允任衢州監酒務日允已老髮禿齒落有客候之稱孫希齡衣服甚繿縷贈允藥一刀圭令揩齒允不

甚信之暇日因取指上齒數揩而良及歸家〻人見之皆咲曰何為以墨染鬚鬢允驚以鑑照之上髯黑如漆矣急去巾視童首之髮已長數寸脱齒亦隱然有生者余見允時年七十餘上髯及髮盡黑而下鬚如雪又正郎蕭渤罷白波輦運至京師有黥卒姓石能以瓦石沙土手挼之悉成銀渤厚禮之問其法石曰此真氣所化未可遽傳若服丹藥可呵而變也遂授渤丹数粒渤餌之取瓦石呵之亦皆成銀渤乃丞相荊公姻家是時丞相當國余為宰士目覩此事都下士人求見石者如市遂逃

去不知所在石纔去渤之術遂無驗石齊人也時曾子固守齊聞之亦使人訪其家了不知石所在渤既服其丹亦宜有補年壽然不數年間渤乃病卒疑其所化特幻耳

熙寧中予察訪過咸平是時劉定子先知縣事同過一佛寺子先謂余曰此有一佛牙甚異余乃齋潔取視之其牙忽生舍利如人身之汗颼然湧出莫知其數或飛空中或墮地人以手承之即透過著床榻摘然有聲復透下光明瑩徹爛然滿目余到京師盛傳于公卿間後有人迎至京師執政官取

入東府以次流布士大夫之家神異之迹不可悉數有詔留大相國寺創造木浮圖以藏之今相國寺西塔是也

菜品中蕪菁菘芥之類遇旱其標多結成花如蓮花或作龍蛇之形此常性不足怪者熙寧中李賓客及之知潤州園中菜花悉成荷花仍各有一佛坐于花中形如雕刻莫知其數暴乾之其相依然或云李君之家奉佛甚篤因有此異

彭蠡小龍顯異至多人人能道之一事最著熙寧中王師南征有軍仗數十船泛江而南自離真州即

有一小蛇登船々師識之曰此彭蠡小龍也當是来護軍伏耳主典者以潔器薦之蛇伏其中船乘便風日棹数百里未嘗有波濤之恐不日至洞庭蛇乃附一商人船回南康世傳其封域止於洞庭未嘗踰洞庭而南也有司以狀聞　詔封神為順濟王遣禮官林希致　詔子中至祠下焚香畢空中忽有一蛇墜祝肩上祝曰龍君至矣其重一臂不能勝徐下至几案間首如龜不類蛇首也子中致　詔意曰使人至此齋三日然後致祭王受天子命不可以不齋戒蛇受命徑入銀香奩中蟠三

日不動祭之日既酌酒蛇乃自奩中引首吸之俄出循案行色如濕胭脂爛然有光穿一剪彩花過其尾尚赤其前已變為黃矣正如雌黃色又過一花復變為綠如嫩草之色少頃行上屋梁乘紙旛腳以行輕若鴻毛倏忽入帳中遂不見明日子中還蛇在船後送之踰彭蠡而回此龍常遊舟檝間與常蛇無辨但蛇行必蜿蜒而此乃直行江人常以此辨之

天聖中近輔獻龍卵云得自大河中　詔遣中人送潤州金山寺是歲大水金山廬舍為水所飄者數

拾聞人皆以為龍卵所致至今匱藏余屢見之形類色理都是雞卵大如五卵橐擧之至輕唯空殼耳

内侍李舜舉家曾為暴雷所震其堂之西室雷火自窗間出赫然出簷人以為堂屋已焚皆出避之及雷火止其舍宛然墻壁窻紙皆黔有一木格其中雜貯諸器其漆器銀釦者銀悉鎔流在地漆器曾不焦灼有一寶刀極堅鋼就刀室中鎔為汁而室亦儼然人必謂火當先焚草木然後流金石今乃金石皆鑠而草木無一燬者非人情所測也佛書言

龍火得水而熾人火得水而滅此理信然人但知人境中事耳人境之外事有何限欲以區〻世智情識窮測至理不其難哉

知道者苟未至脱然隨其所得淺深皆有效驗尹師魯自直龍圖閣謫官過梁下與一佛者談師魯自言以靜退爲樂其人曰此猶有所係不若進退兩忘師魯頓若有所得自爲文以記其説後移鄧州是時范文正公守南陽少日師魯忽手書與文正別仍囑以後事文正極訝之時方饌客亟書記朱炎在坐炎老人好佛學文正以師魯書示炎曰師

魯遷謫失意遂至乖理殊可怪也宜往見之爲致意開譬之無使成疾炎即詣尹而師魯已沐浴衣冠而坐見炎來道文正意乃笑曰何希文猶以生人見待洙死矣與炎譚論頃時遂隱几而卒炎急使人馳報文正文正至哭之甚哀師魯忽舉頭曰早已與公別安用復來文正驚問所以師魯笑曰死生常理也希文豈不達此又問其後事尹曰此在公耳乃揖希文復逝俄頃又舉頭顧希文曰亦無鬼神亦無恐怖言訖遂長往師魯所養至此可謂有力矣尚未能脫有無之見何也得非進退兩

忘猶存於胷中歟
吳人鄭夷甫少年登科有美才嘉祐中監高郵軍稅務嘗遇一術士能推人死期無不驗者令推其命不過三十五歲憂傷感嘆殆不可堪人有勸其讀老莊以自廣久之潤州金山一僧端坐與人談咲間遂化去夷甫聞之喟然嘆息曰既不得壽得如此僧復何憾哉乃從佛者授首楞嚴經往還吳中歲餘忽有所見曰生死之理我知之矣遂釋然放懷無復芥蔕後調封州判官預知死日先期旬日作書與交游親戚叙訣及次叙家事備盡至期沐

浴更衣公舍外有小園面溪一亭潔飭夷甫至其間親督人洒掃及焚香揮手指畫之間屹然立化家人奔出呼之已立僵矣亭亭如植木一手猶作指畫之狀郡守而下少時皆至士民觀者如墻明日乃就斂高郵崔伯易爲墓誌略叙其事余與夷甫遠親知之甚詳士人中蓋未曾有此事

人有前知者數十年事皆能言之夢寐亦或有之以此知萬事無不前定余以謂不然事非前定方其知時即是今日中間年歲亦與此同時元非先後此理宛然熟觀之可諭或曰苟能知前事有不

利者可遷避之亦不然也苟可遷避則前知之時已見所避之事若不見所避之事即非前知
吳僧文捷戒律精苦奇迹甚多能知宿命然罕與人言余群從為知制誥知杭州禮為上客遇常學誦揭帝呪都未有人知捷一日相見曰舍人誦呪何故闕一句既而思其所誦果少一句浙人多言文通不壽一日齋心往問捷捷曰公更三年為翰林學士壽四十歲後當為地下職任事權不減生時與楊樂道待制聯曹然公此時當衣哀絰視事文通聞之大駭曰数十日前曾夢楊樂道相過云受

命與公同職事所居甚樂慎勿辭也後數年果為學士而丁母喪年三十九矣明年秋揵忽使人與文通訣別時文通在姑蘇急往錢塘見之揵驚曰公大期在此月何用更來宜即速還屈指計之曰急行尚可到家文通如其言馳還徧別骨肉是夜無疾而終揵與人言多如此不能悉記此吾家事耳揵嘗持如意輪呪靈變尤多缾中水呪之則涌立畜一舍利晝夜常轉於琉璃缾中揵行道遶之揵行速則舍利亦速行緩則舍利亦緩士人即忠厚事之至謹就揵乞以舍利揵遂與之封護甚嚴

一日忽失所在但空瓿耳忠厚齋藏延提加持少
頃見觀音像衣上一物蠢々而動疑其蟲也試取
乃所忘舍利如𡬶者非一忠厚以余愛之持以見
歸予家至今嚴奉盖神物也
郢州漁人擲網于漢水至一潭底舉之覺重得一石
長尺餘圓直如斷椽細視之乃群小蛤鱗次相比
綢繆鞏固以物試抉其一端得一書卷乃唐天寶
年所造金剛題誌甚詳字法奇古其末云醫博士
攝比陽縣令朱均施比陽乃唐州屬邑不知何年
墜水中首尾略無霑漬為土豪李孝源所得孝源

素奉佛寳藏其書蛤筒復養之水中客至欲見則出以視之孝源因感經像之勝異施家財萬餘緡寫佛經一藏于郢州興陽寺特為嚴麗

張忠定少時謁華山陳圖南遂欲隱居華山圖南曰他人即不可知如公者吾當分半以相奉然公方有官職未可議此其勢如失火家待君救火豈可不赴也乃贈以一詩曰自吳入蜀是尋常歌舞筵中救火忙乞得金陵養閑散亦須多謝鬢邊瘡始皆不喻其言後忠定更鎮杭益晚年有瘡發于頂後治不差遂自請得金陵皆如此詩言忠定在蜀

日與一僧善及歸謂僧曰君當送我至鹿頭有事奉託僧依其言至鹿頭關忠定出一書封角付僧曰謹收此後至乙卯年七月二十六日當請於官司對衆發之慎不可私發若不待其日及私發者必有大禍僧得其書至太中祥符七年歲乙卯時凌侍郎策帥蜀僧乃持其書詣府具陳忠定之言其僧亦有道者凌信其言集從官共開之乃忠定真容也其上有手題曰詠當血食於此後數日得京師報忠定以其年七月二十六日捐館凌乃為之築廟於成都蜀人自唐以來嚴祀韋南康自此

乃改祠忠定至今

熙寧七年嘉興僧道親號通照大師為秀州副僧正因遊温州雁蕩山自大龍湫回欲至瑞鹿院見一人衣布襦行澗邊身輕若飛履木葉而過葉皆不動心疑其異人乃下澗中揖之遂相與坐於石上問其氏族閭里年齒皆不荅鬚髮皓白面色如少年謂道親曰今 宋朝第六帝也更後九年當有疾汝可持吾藥獻天子此藥人臣不可服〻之有大責宜善保守乃探囊出一丸指端大紫色重如金錫以授道親曰龍壽丹也欲去又謂道親曰明

年歲當大疫吳越尤甚汝名已在死籍今食吾藥
勉修善業當免此患探囊中取一栢葉與之道親
即時食之老人曰定免矣慎守吾藥至癸亥歲自
詣闕獻之言訖遂去南方大疫兩浙無貧富皆病
死者十有五六道親殊無恙至元豐六年夏夢老
人趣之曰時至矣何不速詣闕獻藥夢中為雷電
驅逐惶懼而起徑詣秀州具述本末謁假入京詣
尚書省獻之執政親問以為狂人不受其獻明日
因對奏知　上急使人追尋付內侍省問狀以所
遇對未數日　先帝果不豫乃使勾當御藥院梁

從政持御香賜紫錢百千同道親乘驛詣雁蕩山
求訪老人不復見乃於初遇處焚香而還　先帝
尋康復謂輔臣曰此但預示服藥兆耳聞其藥至
今在彰善閣當時不曾進御

廬山太平觀乃九天採訪使者祠自唐開元中創建
元豐二年道士陶智仙營一舍令門人陳若拙董
作發地忽得一缾封鐍甚固破之其中皆五色土
唯有一銅錢文有應元保運四字若拙得之以歸
其師不甚為異至元豐四年忽有　詔進號九天
採訪使者為應元保運真君遣內侍廖維持御書

殿額賜之乃與錢文符同時知制誥熊本提舉太平觀具聞其事召本觀主首推詰其詳審其無僞乃以其錢付廖維表獻之

祥符中方士王捷本黥卒嘗以罪配沙門島能作黄金有老鍛工畢升曾在禁中為捷鍛金升云其法為爐竈使人隔墻鼓鞴盖不欲人覘其啟閉也其金鉄為之初自冶中出色尚黑凡百餘两為一餅每餅輻觧鑿為八片謂之鵶觜金者是也今人尚有藏者 上令尚方鑄為金龜金牌各數百龜以賜近臣人一枚時受賜者除戚里外在庭者十有

七人餘悉埋玉清昭應宮寶符閣及殿基之下以為寶鎮牌賜天下州府軍監各一今謂之金寶牌者是也洪州李簡夫家有一龜乃其伯祖虛已所得者蓋十七人之數也其龜夜中往往出遊爛然有光掩之則無所得其家至今匱藏

夢溪筆談全編卷二十

夢溪筆談全編卷二十一

沈括　存中　述

異事異疾附

世傳虹能入溪澗飲水信然熙寧中余使契丹至其極北黑水境永安山下卓帳是時新雨霽見虹下帳前澗中余與同職扣澗觀之虹兩頭皆垂澗中使人過澗隔虹對立相去數丈中間如隔綃縠自西望東則見蓋夕虹也立澗之東西望則為日所鑠都無所覩久之稍稍正東踰山而去次日行一程又復見之

皇祐中蘇州民家一夜有人以白堊書其墻壁悉似在字、、稍異一夕之間數萬家無一遺者至於卧内深隱之處戶牖間無不到者莫知其然後亦無他

延州天山之巔有奉國佛寺、、庭中有一墓世傳尸毗王之墓也尸毗王出於佛書大智論言嘗割身肉以飼餓鷹至割肉盡今天山之下有濯筋河其縣為膚施縣詳膚施之義亦與尸毗王說相符按漢書膚施縣乃秦縣名此時尚未有佛書疑後人傳會縣名為說雖有唐人一碑已漫滅斷折不可

讀慶曆中葹昌言鎮鄜延乃壞奉國寺為倉發尸毗墓得千餘秤炭其棺槨皆朽有枯骸尚完脛骨長二尺餘髑髏大如斗并得玉環玦七十餘件玉銜牙長僅盈尺皆為在位者所取金銀之物即入于役夫爭取珍寶遺骸多為拉碎但貯一小函中埋之東上閤門使夏元象時為兵馬都監親董是役為余言之甚詳至今天山倉側昏後獨行者往々與鬼神遇郡人甚畏之

余於譙亳得一古鏡以手循之當其中心則摘然如灼龜之聲人或曰此夾鏡也然夾不可鑄須兩重

合之此鏡甚薄略無銲迹恐非可合也就使銲之則其聲當銑塞今扣之其聲泠然纖遠既因抑按而響剛銅當破柔銅不能如此澄瑩洞徹歷訪鏡工皆罔然不測

世傳湖湘間因震雷有鬼神書謝仙火三字於木柱上其字入木如刻倒書之此說甚著近歲秀州華亭縣亦因雷震有字在天王寺屋柱上亦倒書云高洞楊雅一十六人火令章凡十一字內令章兩字特奇勁似唐人書體至今尚在頗與謝仙火事同所謂火者疑若隊伍若干人為一火耳余在漢

東時清明日雷震死二人於州守園中脅上各有
兩字如墨筆畫扶竦類栢葉不知何字
元厚之少時曾夢人告之異日當為翰林學士須兄
弟數人同在禁林厚之自思素無兄弟疑此夢為
不然熙寧中厚之除學士同時相先後入學士院
一人韓持國維一陳和叔繹一鄧文約綰一楊元
素繪幷厚之名絳五人名皆從糸始悟弟兄之說
木中有文多是柹木治平初杭州南新縣民家析柹
木中有上天大國四字余親見之書法類顏真卿
極有筆力國字中間或字仍挑起作尖口全是顏

筆知其非偽者其横畫即是横理斜畫即是斜理其木直剖偶當天字中分而天字不破上下而畫并一脚皆横挺出半指許如木中之節以兩木合之如合契焉

盧中甫家吳中嘗未明而起牆柱之下有光熠然就視之似水而動急以油紙扇挹之其物在扇中滉漾正如水銀而光艷爛然以火燭之則了無一物又魏國大主家亦嘗見此物李團練評嘗與余言與中甫所見無少異不知何異也余昔年在海州曾夜煑鹽鴨卵其間一卵爛然通明如玉熒熒然

屋中盡明置之器中十餘日臭腐幾盡愈明不已蘇州錢僧孺家煑一鴨卵亦如是物有相似者必自是一類

余在中書檢正時閱雷州奏牘有人為鄉民詛死問其狀鄉民能以熟食呪之俄頃膾炙之類悉復為完肉又呪之則熟肉復為生肉又呪之則生肉能動復使之能活牛者復為牛羊者復為羊但小耳更呪之則漸大既而復呪之則還為熟食人有食其肉覺腹中淫淫而動必以金帛求解金帛不至則腹裂而死所食牛羊自裂中出獄具案上觀其

呪語但曰東方王母桃西方王母桃兩句而已其他但道其所欲更無他術

壽州八公山側土中及溪澗之間往往得小金餅上有篆文劉主字世傳淮南王藥金也得之者至多天下謂之印子金是也然止於一印重者不過半兩而已鮮有大者余嘗於壽春漁人處得一餅言得於淮水中凡重七兩餘面有二十餘印背有五指及掌痕紋理分明傳者以謂埿之所化手痕正如握埿之迹襄隨之間故春陵白水地發土多得金麟趾褭蹏麟趾中空四傍皆有文刻極工巧褭

虓作團餅四邊無模範迹似於平物上滴成如今乾柿土人謂之柿子金趙飛燕外傳帝竊趙昭儀浴多衷金餅以賜侍兒私婢殆此類矣一枚重四两餘乃古之一斤也色有紫艷非他金可比以刃切之柔甚於鉛雖大塊亦可刀切其中皆虛軟以石磨之則霏霏成屑小說謂麟趾褭蹏乃婁敬所為藥金方家謂之婁金和藥最良漢書注亦云異於他金余在漢東一歲凡數家得之有一窖數十餅者余亦買得一餅

舊俗正月望夜迎廁神謂之紫姑亦不必正月常時

皆可召余少時見小兒輩等閑則召之以為嬉笑親戚間曾有召之而不肯去者兩見有此自後遂不敢召景祐中太常博士王綸家因迎紫姑有神降其閨女自稱上帝後宫諸女能文章頗清麗今謂之女仙集行于世其書有數體甚有筆力然皆非世間篆隸其名有藻牋篆茁金篆十餘名綸與先君有舊余與其子弟遊親見其筆迹其家亦時見其形但自腰以上見之乃好女子其下常為雲氣所擁善鼓箏音調凄婉聽者忘倦嘗謂其女曰能乘雲與我遊乎女子許之乃自其庭中涌白雲

如蒸女子踐之雲不能載神曰汝履下有穢土可去履而登女子乃韈而登如履繒絮冉冉至屋復下曰汝未可往更期異日後女子嫁其神乃不至其家了無禍福為之記傳者甚詳此余目見者粗志于此近歲迎紫姑者極多大率多能文章歌詩有極工者余屢見之多自稱蓬萊謫仙醫卜無所不能棊與國手為敵然其靈異顯著無如王綸家者

世有奇疾者呂縉叔以知制誥知潁州忽得疾但縮小臨終僅如小兒古人不曾有此疾終無人識有

松滋令姜愚無他疾忽不識字數年方稍〻復舊又有一人家妾視直物皆曲弓弦界尺之類視之皆如鈎璧僧奉真親見之江南逆旅中一老婦啖物不知飽徐德占過逆旅老婦愬以飢其子耻之對德占以蒸餅啖之盡一竹簣約百餅猶稱飢不已日飯一石米隨即痢之飢復如故京兆醴泉主簿蔡繩余友人也亦得飢疾每飢立須啖物稍遲則頓仆悶絶懐中常置餅餌雖對貴官遇飢亦便齕啖繩有美行博學有文為時聞人終以此不幸無人識其疾每為之哀傷

嘉祐中揚州有一珠甚大天晦多見初出于天長縣陂澤中後轉入甓社湖又後乃在新開湖中凡十餘年居民行人常常見之余友人書齋在湖上一夜忽見其珠甚近初微開其房光自吻中出如横一金線俄頃忽張殼其大如半席殼中白光如銀珠大如拳爛然不可正視十餘里間林木皆有影如初日所照遠處但見天赤如野火倏然遠去其行如飛浮於波中杳杳如日古有明月之珠此珠色不類月熒熒有芒燄殆類日光崔伯易嘗為明珠賦伯易高郵人蓋常見之近歲不復出不知所

往樊良鎮正當珠往来處行人至此往〻維船數
宵以待現名其亭為玩珠

登州巨嵎山下瞰大海其山有時震動山之大石皆
頹入海中如此已五十餘年土人皆以為常莫知
何謂

士人宋述家有一珠大如雞卵微紺色瑩徹如水手
持之映空而觀則末底一點凝翠其上色漸淺若
回轉則翠處常在下不知何物或謂之滴翠珠佛
書西域有琉璃珠投之水中雖深皆可見如人仰
望虛空月形疑此近之

登州海中時有雲氣如宮室臺觀城堞人物車馬冠蓋歷歷可見謂之海市或曰蛟蜃之氣所為疑不然也歐陽文忠曾出使河朔過高唐縣驛舍中夜有鬼神自空中過車馬人畜之聲一一可辨其說甚詳此不具記問本處父老云二十年前嘗晝過縣亦歷歷見人物土人亦謂之海市與登州可見大略相類也

近歲延州永寧關大河岸崩入地數十尺土下得竹筍一林凡數百莖根幹相連悉化為石適有中人過亦取數莖去云欲　進呈延郡素無竹此入在

数十尺土下不知其何代物無乃曠古以前地卑氣濕而宜竹耶婺州金華山有松石又如核桃蘆根地蟹之類皆有成石者然皆其地本有之物不足深怪此深地中所無又非本土所有之物特可異耳

治平中澤州人家穿井土中見一物蜿蜒如龍蛇大畏之不敢觸久之見其不動試摸之乃石也村民無知遂碎之時程伯純為晉城令求得一段鱗甲皆如生物蓋蛇蜃所化如石蟹之類

隨州醫蔡士寧嘗寶一息石云数十年前得於一道

人其色紫光如辰州丹砂極光瑩如人擣和藥劑有纏紐之紋重如金錫其上有兩三竅以細篾剔之出赤屑如丹砂病心狂熱者服麻子許即定其斤兩歲息士寧不能名乃以歸余或云昔人所練丹藥也形色既異又能滋息必非凡物當求識者辨之

隨州大洪山住人李遥殺人亡命踰年至秭歸因出市見鬻拄杖者等閑以數十錢買之是時秭歸適又有邑民為人所殺求賊甚急民之子見遥所操杖識之曰此吾父杖也遂以告官司執遥驗之果

邑民之杖也榜掠備至遙實買杖而鬻杖者已不
見卒未有以自明有司詰其行止來歷勢不可隱
乃通隨州而大洪殺人之罪遂敗卒不知鬻杖者
何人市人千萬而遙適值之因緣及其隱匿此亦
事之可怪者

至和中交趾獻麟如牛而大通身皆大鱗首有一角
考之記傳與麟不類當時有謂之山犀者然犀不
言有鱗莫知其的回　詔欲謂之麟則慮夷獠見
欺不謂之麟則未有以質之止謂之異獸最為慎
重有體今以余觀之殆天祿也按漢書靈帝中平

三年鑄天祿蝦蟆于平津門外注云天祿獸名今鄧州南陽縣北宗資碑旁兩獸鐫其膊一曰天祿一曰辟邪元豐中余過鄧境聞此石獸尚在使人墨其所刻天祿辟邪字觀之似篆似隸其首有角鬣大鱗如手掌南豐曾阜為南陽令題宗資碑陰云二獸膊之所刻獨在製作精巧高七八尺尾鬣皆鱗甲莫知何象而名此也今詳其形甚類交趾所獻異獸知其必天祿也

錢塘有聞人紹者常寶一劍以十大釘陷柱中揮劍一削十釘皆截隱如稱衡而劍鐵無纖迹用力屈

之如鉤縱之鏘然有聲復直如絃關中种諤亦畜
一劒可以屈置合中縱之復直張景陽七命論劒
曰若其靈寶則舒屈無方蓋自古有此一類非常
鐵能為也

嘉祐中伯兄為衛尉丞吳僧持一寶鑑來云齋戒照
之當見前途吉凶伯兄如其言乃以水濡其鑑々
不甚明髣髴見如人衣緋衣而坐是時伯兄為京
寺丞衣綠無綠遷有緋衣不數月　英宗即位覃
恩賜緋後數年僧至京師蔡景繁時為御史嘗照
之見已著貂蟬甚自喜不數日攝官奉祠遂假蟬

冕景繁終於承議郎乃知鑑之所卜唯知近事耳

三司使宅本印經院熙寧中更造三司宅自薛師政經始宅成日官周琮曰此宅前河後直大社不利居者始自元厚之自拜日入居之不久厚之謫去而曾子宣繼之子宣亦謫去子厚居之子厚又逐而余為三司使亦以罪去李奉世繼為之而奉世又謫皆不緣三司職事悉以他坐褫削奉世去安厚卿主計而三司官廢宅毀為官寺厚卿亦不終任

嶺表異物誌記□□甚詳余少時到閩中時王舉直

知潮州鉤得一鱷其大如船畫以為圖而自序其下大體其形如鼉但喙長等其身牙如鋸齒有黃蒼二色或時有白者尾有三鉤極銛利遇鹿豕即以尾戟之以食生卵甚多或為魚或為鼉黿其為鱷者不過一二土人設鉤于大豕之身筏而流之水中鱷尾而食之則為所斃

嘉祐中海州漁人獲一物魚身而首如虎亦作虎文有兩短足在肩指爪皆虎也長八九尺視人輒淚下舁至郡中數日方死有父老云昔年曾見之謂之海蠻師然書傳小說未嘗載

邕州交寇之后城壘方完有定水精舍泥佛輙自動搖晝夜不息如此踰月時新經兵亂人情甚懼有司不敢隱具以上聞遂有詔令置道場禳謝動亦不已時劉初知邕州惡其惑衆乃舁像投江中至今亦無佗異

洛中地内多宿藏凡置第宅未經掘者例出掘錢張文孝左丞始以數千緡置洛大第價已定又求掘錢甚多文孝必欲得之累增至千餘緡方售人皆以妄費及營建廬舍土中得石匣不甚大而刻鏤精妙皆為花鳥異形頂有篆字二十餘書法古怪

無人能讀發匣得黃金數百兩鬻之金價正如買第之直斸掘錢亦在其數不差一錢觀其窾識文畫皆非近古所有數已前定則雖欲無妄費安可得也

熙寧九年恩州武成縣有旋風自東南來望之插天如羊角大木盡拔俄頃旋風卷入雲霄中既而漸近乃經縣城官舍民居略盡悉卷入雲中縣令兒女奴婢卷去復墜地死傷者數人民間死傷亡失者不可勝計縣城悉為丘墟遂移今縣

宋次道春明退朝録言天聖中青州盛冬濃霜屋瓦

皆成百花之狀此事五代時已嘗有之余亦自兩
見如此慶曆中京師集禧觀渠中冰紋皆成花果
林木元豐末余到秀州人家屋瓦上冰亦成花每
瓦一枝正如畫家所為折枝有大花似牡丹芍藥
者細花如海棠萱草輩者皆有枝葉無毫髮不具
[illegible]象生下雖巧筆不能為之以紙搨之無異石刻
熙[illegible]中河州雨雹大者如雞卵小者如蓮芡悉如人
[illegible]目口鼻皆具無異鐫刻次年王師平河州蕃
戎授首者甚衆豈克勝之符豫告邪

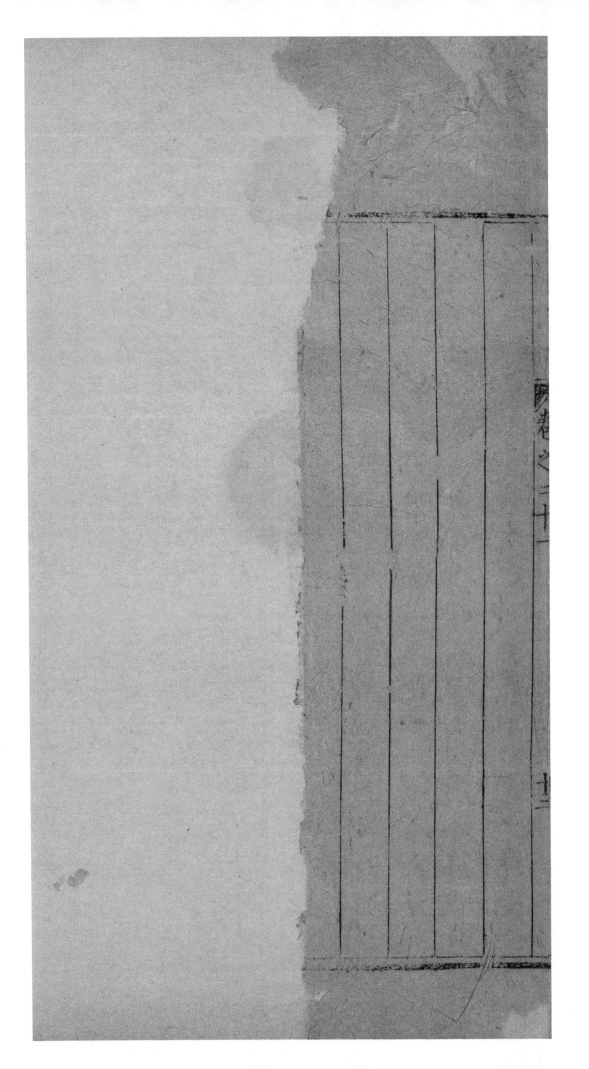

夢溪筆談全編卷二十二

沈括存中述

謬誤 譎詐附

東南之美有會稽之竹箭竹為竹箭為箭蓋二物也今採箭以為矢而通謂矢為箭者因其箭名之也至於用木為笴而謂之箭則謬矣

丁晉公之逐士大夫遠嫌莫敢與之通聲問一日忽有一書與執政執政得之不敢發立具上聞洎發之乃表也深自敘致詞頗哀切其間兩句曰雖遷陵之罪大念立 主之功多遂有北還之命謂多

智變以流人無因達章奏遂託為執政書度以上
聞因蒙寬宥

嘗有人自負才名後為進士狀首敭歷貴近曾謫官
知海州有筆工善畫水召使畫便廳掩障自為之
記自書于壁間後人以其時名至今嚴護之其間
叙畫水之因曰設於聽事以代反坫人莫不怪之
余切意其心以謂邦君屏塞門管氏亦屏塞門邦
君為兩君之好有反坫管氏亦有反坫其文相屬
故謬以屏為反坫耳

段成式酉陽雜俎記事多誕其間叙草木異物尤多

縷妄率記異國所出欲無根柢如云一木五香根旃檀節沉香花雞舌葉藿膠薰陸此尤謬旃檀與沉香兩木無異雞舌即今丁香耳今藥品中所用者亦非藿香自是草葉南方至多薰陸小木而大葉海南亦有薰陸乃其膠也今謂之乳頭香五物迥殊原非同類

丁晉公從車駕巡幸禮成有　詔賜輔臣玉帶時輔臣八人行在祗候庫止有七帶尚衣有帶謂之比玉價直數百萬　上欲以賜輔臣以足其數晉公心欲之而位在七人之下度必不及已乃諭有司

不須發尚衣帶自有小私帶且可服之以謝候還京別賜可也有司具以此聞既各受賜而晉公一帶僅如指闊　上顧謂近侍曰丁謂帶與同列大殊速求一帶易之有司奏唯有尚衣　御帶遂以賜之其帶熙寧中復歸內府

黃宗旦晚年病目每奏事先具奏目成誦于口至上前展奏目誦之其實不見也同列害之密以他書易其奏目宗旦不知也至上前所誦與奏目不同歸乃覺之遂乞致仕

京師賣卜者唯利舉場時舉人占得失取之各有術

有求目下之利者凡有人問皆曰必得士人樂得

所欲竟徃問之有邀以後之利者凡有人問悉曰

不得下第者常過十分之七皆以謂術精而言直

後舉倍獲有因此著名終身饗利者

包孝肅尹京號為明察有編民犯法當杖脊吏受賕

與之約曰今見尹必付我責狀汝第呼號自辯我

與汝分此罪汝決杖我亦決杖既而包引囚問畢

果付吏責狀囚如吏言分辯不已吏大聲訶之曰

但受脊杖去何用多言包謂其市權捽吏於庭杖

之十七特寬囚罪止從杖坐以抑吏勢不知乃為

所賣卒如素約小人為姦固難防也孝肅天性峭嚴未嘗有笑容人謂包希仁笑比黄河清

李溥為江淮發運使每歲奏計則以大船載東南美貨結納當途莫知紀極章獻太后垂簾時溥因奏事盛稱浙茶之美云自來進 御唯建州餅茶而浙茶未嘗修貢本司以羨餘錢買到数千斤乞進入内自國門挽船而入稱進奉茶綱有司不敢問所貢餘者悉入私室溥晚年以賄敗竄謫海州然自此遂為發運司歲例每發運使入奏舳艫蔽川自泗州七日至京余出使淮南時見有重載入汴

者求得其籍言兩浙牋紙三暖舡他物稱是
崔融為瓦松賦云謂之木也訪山客而未詳謂之草
也驗農皇而罕記段成式難之曰崔公博學無不
該悉豈不知瓦松已有著說引梁簡文詩依簷映
昔耶成式以昔耶為瓦松殊不知昔耶乃是垣衣
瓦松自名昨葉何成式亦自不識
江南陳彭年博學書史於禮文尤所詳練歸朝列于
侍從朝庭郊廟禮儀多委彭年裁定援引故事頗
為詳洽嘗攝太常卿導駕誤行黃道上有司止之
彭年正色回顧曰自有典故禮曹素畏其該洽不

復敢詰問

海物有車渠蛤屬也大者如箕背有渠壟如蚶殼攻以為器緻如白玉生南海尚書大傳曰文王囚於姜里散宜生得大貝如車渠以獻紂鄭康成乃解之曰車渠罔也蓋康成不識車渠謬解之耳

李獻臣好為雅言曾知鄭州時孫次公為陜漕罷赴闕先遣一使臣入京所遣乃獻臣故吏到鄭庭參獻臣甚喜欲令左右延飯乃問之曰餐来未使臣誤意餐者謂次公也遽對曰離長安日都運待制已治裝獻臣曰不問孫待制官人餐来未其人慙

沮而言曰不敢仰昧為三司軍將日曾喫郄十三盞鄙語謂遭杖為餐獻臣掩口曰官人誤也問曾與未曾餐飯欲奉留一食耳

夢溪筆談全編卷二十二

夢溪筆談全編卷二十三

沈括　存中　述

譏謔

石曼卿為集賢校理微行倡館為不逞者所窘曼卿醉與之校為街司所録曼卿詭怪不羈謂主者曰只乞就本廂科決欲詰旦歸館供職廂帥不喻其諱曰此必三館吏人也杖而遣之

司馬相如叙上林諸水曰丹水紫淵灞滻涇渭八川分流相背而異態灝溔潢漾東注太湖李善注太湖所謂震澤按八水皆入大河如何得東注震澤

又白樂天長恨歌云峨嵋山下少人行旌旗無光日色薄峨嵋在嘉州與幸蜀路全無交涉杜甫武侯廟柏詩云霜皮溜雨四十圍黛色參天二千尺四十圍乃是徑七尺無乃大細長乎防風氏身廣九畒長三丈姬室畒廣六尺九畒乃五丈四尺如此防風之身乃一餅餤耳此亦文章之病也

庫藏中物々數足而名差互者帳籍中謂之色繳音叫

嘗有一從官知審官西院引見一武人於格合遷官其人自陳年六十無材力乞致仕叙致謙厚甚有可觀主判攘袂手曰某年七十二尚能拳毆數人

此轅門也方六十歲豈得遷自引退京師人謂之色繖

舊日官為中允者極少唯老於幕官者累資方至故為之者多潦倒之人近歲州縣官進用者多除中允遂有冷中允熱中允又集賢殿修撰舊多以館閣久次者為之近歲有自常官超授要任未至從官者多除修撰亦有冷撰熱撰時人謂熱中允不博冷修撰

梅詢為翰林學士一日書詔頗多屬思甚苦操觚循階而行忽見一老卒卧於日中欠伸甚適梅忽嘆

曰暢哉徐問之曰汝識字乎曰不識字梅曰更快活也

有一南方禪僧到京師衣間緋袈裟主事僧素不識南宗體式以為妖服執歸有司尹正見之亦遲疑未能斷良久喝出禪僧以袈裟送報慈寺泥迦葉披之人以謂此僧未有見處却是知府具一隻眼

士人應敵文章多用他人議論而非心得時人為之語曰問即不會用則不錯

張唐卿進士第一人及第期集于興國寺題壁云一舉首登龍虎牓十年身到鳳凰池有人續其下云

君看姚暐并梁固不得朝官未可知後果終於京
官
信安滄景之間多蚊虻夏月牛馬皆以泥塗之不尒
多為蚊虻所斃郊行不敢乘馬馬為蚊虻所毒則
狂逸不可制行人以獨輪小車馬鞍蒙之以乘謂
之木馬挽車者皆衣韋袴冬月作小坐牀氷上拽
之謂之凌牀余嘗按察河朔見挽牀者相屬問其
所用曰此運使凌牀此提刑凌牀也聞者莫不掩
口
廬山簡寂觀道士王告好學有文與星子令相善有

邑豪修醮告當為都工都工薄有施利一客道士自言衣紫當為都工訟於星子云職位顛倒稱號不便星子令封牒與告告乃判牒曰客僧做寺主俗諺有云散衆奪都工教門無例雖紫衣與黄衣稍異柰本觀與別觀不同非為稱呼蓋利爭其中有物妄自尊顯豈所謂大道無名宜自退藏無抵刑憲告後歸貫登科為健吏至祠部員外郎江南西路提點刑獄而卒

舊制三班奉職月俸錢七百驛羊肉半斤祥符中有人為詩題所在驛舍間曰三班奉職實堪悲卑職

孤寒即可知七百料錢何日富半斤羊肉幾時肥
朝廷聞之曰如此何以責廉隅遂增今俸
嘗有一名公初任縣尉有舉人投書索米戲為一詩
荅之曰五貫九百五十俸省錢請作足錢用妻兒
尚未厭糟糠僮僕豈免遭飢凍贖典贖觧不曾休
喫酒喫肉何曾夢為報江南癡秀才更來謁索覔
甚瓮熙寧中例增選人俸錢不復有五貫九百俸
者此實養廉隅之本也
石曼卿初登科有人訟科場覆考落數人曼卿是其
數時方期集于興國寺符至追所賜勑牒靴服數

人皆啜泣而起曼卿獨觧靴袍還使人露體戴幞頭復坐語笑終席而去次日被黜者皆授三班借職曼卿為一絶句曰無才且作三班借請俸争如録事參從此罷稱鄉貢進且須走馬東西南

蔡景繁為河南軍巡判官日緣事至留司御史臺閱案牘得乾德中西南郊儀仗使司牒驗云准來文取索本京大駕鹵簿勘會本京鹵簿儀仗先於清泰年中末帝將帶逃走不知所在

江南宋齊丘智謀之士也自以謂江南有精兵三十萬士卒十萬大江當十萬而已當十萬江南初主

本徐温養子及僭號遷徐氏于海陵中主繼統用齊丘謀徐氏無男女少長皆殺之其後齊丘嘗有一小兒病閉閣謝客中主置燕召之亦不出有老樂工且雙瞽作一詩書紙鳶上放入齊丘第中詩曰化家為國實良圖總是先生畫計謨一個小兒拋不得上皇當日合何如海陵州宅之東至今有小兒墳數十皆當時所殺徐氏之族也

有一故相遠派在姑蘇有嬉遊書其壁曰大丞相再従姪其嘗遊有士人李璋素好訕謔題其傍曰混元皇帝三十七代孫李璋繼至

吳中一士人曾為轉運司別試解頭以此自負好附託顯位是時侍御史李制知常州丞相莊敏龐公知湖州士人遊毗陵挈其徒飲倡家故謂一騶卒曰汝往白李二我在此飲速遣有司持酒肴來李二謂李御史也俄頃郡厨以飲食至甚為豐腆有一蓐醫適在其家見其事後至御史之家因語及之李君極怪使人捕得騶卒乃兵馬都監所假受士人敎戒就使庖買飲食以給坐客耳李乃杖騶卒使街司白士人出城郡僚有相善者出與之別嗐之曰倉卒遽行當何所詣士人應之曰且往湖

州依麗九耳聞者莫不大笑

館閣每夜輪校官一人直宿如有故不宿則虚其夜謂之豁宿故事豁宿不得過四至第五日即湏入宿遇豁宿例於宿曆名位下書腹肚不安免宿故館閣宿曆相傳謂之害肚曆

呉人多謂梅子為曹公以其甞望梅止渴也又謂鵞為右軍有一士人遺人醋梅與燖鵞作書云醋浸曹公一甕湯燖右軍兩隻聊備一饌

夢溪筆談全編卷二十三

夢溪筆談　卷之二十　六

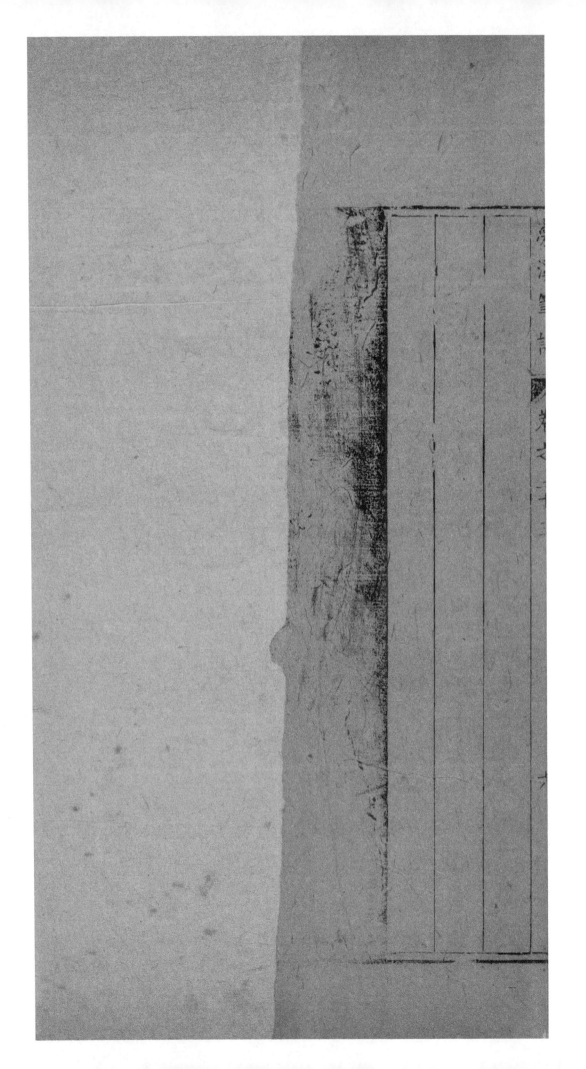

夢溪筆談全編卷二十四

沈括　存中　述

雜誌一

延州今有五城說者以謂舊有東西二城夾河對立高萬興郡始展南北東三關城余因讀杜甫詩云五城何迢〻迢〻隔河水延州秦北户關防猶可倚乃知天寶中已有五城矣

鄜延境内有石油舊說高奴縣出脂水即此也生於水際沙石與泉水相雜惘〻而出土人以雉尾裛之乃採入缶中頗似淳漆然之如麻但煙甚濃所

霑幄幕皆黑余疑其烟可用試掃其煤以為墨黑光如漆松墨不及也遂大為之其識文為延川石液者是也此物後必大行於世自余始為之蓋石油至多生於地中無窮不若松木有時而竭今齊魯間松木盡矣漸至太行京西江南松山大半皆童矣造煤人蓋未知石烟之利也石炭烟亦大墨人衣余戲為延州詩曰二郎山下雪紛紛旋卓穹廬學塞人化盡素衣冬未老石烟多似洛陽塵

解州塩澤之南秋夏間多大風謂之塩南風其勢發屋拔木幾欲動地然東與南皆不過中條西不過

席張鋪北不過鳴條縱廣止於數十里之間解鹽不得此風不冰蓋大鹵之氣相感莫知其然也又汝南亦多大風雖不及鹽南之厲然亦甚於他處不知緣何如此或云自城北風穴山中出今所謂風穴者已夷矣而汝南自若了知非有穴也方諺云汝州風許州葱其来素矣

昔人文章用北狄事多言黑山黑山在大幕之北今謂之姚家族有城在其西南謂之慶州余奉使嘗帳宿其下山長數十里土石皆紫黑似今之磁石有水出其下所謂黑水也胡人言黑水原下委高

水曾逆流余嘗視之無此理亦常流耳山在水之東大底北方水多黑色故有盧龍郡北人謂水為龍盧龍即黑水也黑水之西有連山謂之夜来山極髙峻契丹墳墓皆在山之東南麓近西有遠祖射龍廟在山之上有龍舌藏于廟中其形如劒山西别是一族尤為勁悍唯啖生肉血不火食胡人謂之山西族北與黑水胡南與達靼接境

余姻家朝散郎王九齡常言其祖貽永侍中有女子嫁諸司使夏偕因病危甚服醫朱嚴藥遂差貂蟬喜甚置酒慶之女子於坐間求為朱嚴奏官貂蟬

難之曰今歲恩例已許門醫劉公才當候明年女子乃哭而起徑歸不可留貂璫追謝之遂召公才諭以女子之意輟是歲恩命以授朱嚴　制下之日而嚴死公才乃囑王公曰朱嚴未受命而死法容再奏公然之再為公才請及制下公才之尉氏縣使人召之公才方飲酒聞得官大喜遂暴卒一四門助教而死二醫一官不可妄得况其大者乎

趙韓王治第麻擣錢一千貳百餘貫其他可知蓋屋皆以板為笪上以方磚甃之然後布瓦至今完壯塗壁以麻擣土世俗遂謂塗壁麻為麻擣

契丹北境有跳兔形皆兔也但前足纔寸許後足幾一尺行則用後足跳一躍數尺止則蹶然仆地生於契丹慶州之地大莫中余使虜日捕得數兔持歸蓋爾雅所謂蟨兔也亦曰蛩蛩巨驉也

蟭蟟之小而綠色者北人謂之螓即詩所謂螓首蛾眉者也取其頂深且方也又閩人謂大蠅為胡螓亦螓之類也

北方有白鴈似鴈而小色白秋深則來白鴈至則霜降河北人謂之霜信杜甫詩云故國霜前白鴈來即此也

熙寧中初行淤田法論者以謂史記所載涇水一斛其泥數斗且糞且溉長我禾黍所謂糞即淤也余出使至宿州得一石碑乃唐人鑿六陡門發汴水以淤下澤民獲其利刻石以頌刺史之功則淤田之法其來蓋久矣

余奉使河北邊太行而北山崖之間往往銜螺蚌殼及石子如鳥卵者橫亘石壁如帶此乃昔之海濱今東距海已近千里所謂大陸者皆濁泥所湮耳堯殛鯀于羽山舊說在東海中今乃在平陸凡大河漳水滹沱河水桑乾之類悉是濁流今關陝以

以西水行地中不減百餘尺其泥歲東流皆為大
陸之土此理亦然
唐李翱為東南錄云自淮沿流至于高郵泝至于江
孟子所謂決汝漢排淮泗而注之江則淮泗固嘗
入江矣此乃禹之舊迹也熙寧中曾遣使按圖求
之故道宛然但江淮已深其流無復能至高郵耳
予中表兄李善勝曾與數同輩鍊硃砂為丹經歲餘
因沐砂再入鼎誤遺下一塊其徒丸服之遂發懵
冒一夕而斃朱砂至涼藥初生嬰子可服因火力
所變遂能殺人以變化相對言之既能變而為大

毒豈不能變而爲大善既能變而殺人則宜有能生人之理但未得其術耳以此知神仙羽化之方不可謂之無然亦不可不戒也

温州鴈蕩山天下奇秀然自古圖牒未嘗有言者祥符中因造玉清宫伐山取材方有人見之此時尚未有名按西域書阿羅漢諾矩羅居震旦東南大海際鴈蕩山芙蓉峯龍湫唐僧貫休爲諾矩羅贊有鴈蕩經行雲漠〻龍湫宴坐雨濛〻之句此山南有芙蓉峯峯下芙蓉驛前瞰大海然未知鴈蕩龍湫所在後因伐木始見此山山〻頂有大池相傳以

為鴈蕩下有二潭水以為龍湫又有經行峽宴坐峯皆後人以貫休詩名之也謝靈運為永嘉守凡永嘉山水遊歷殆遍獨不言此山蓋當時未有鴈蕩之名余觀鴈蕩諸峯皆峭拔嶮怪上聳千尺窮厓巨谷不類他山皆包在諸谷中自領外望之都無所見至谷中則森然干霄原其理當是為谷中大水衝激沙土盡去唯巨石巋然挺立耳如大小龍湫水簾初月谷之類皆是水鑿之穴自下望之則高巖峭壁從上觀之適與地平以至諸峯之頂亦低於山頂之地面世間溝壑中水鑿之處皆

有植土龕巖亦此類耳今城皐陝西大澗中立土動及百尺迥然聳立亦鴈蕩具體而微者但此土彼石耳既非挺出地上則為深谷林莽所蔽故古人未見靈運所不至理不足怪也

内諸司舍屋唯祕閣最宏壯閣下穹隆高敞相傳謂之木天

嘉祐中蘇州崑山縣海上有一船桅折風飄抵岸船中有三十餘人衣冠如唐人繫紅鞓角帶短皂布衫見人皆慟哭語言不可曉試令書字字亦不可讀行則相綴如鴈行久之自出一書示人乃唐天

祐中告授乇羅島首領陪戎副尉制又有一書乃是上高麗表亦稱乇羅島皆用漢字蓋東夷之臣屬高麗者船中有諸穀唯麻子大如蓮的蘇人種之初歲亦如蓮的次年漸小數年後只如中國麻子時賛善大夫韓正彦知崑山縣事召其人犒以酒食〻罷以手捧首而騣意若懽感正彦使人為其治桅〻舊植船木上不可動工人為之造轉軸教其起倒之法其人又喜復捧首而騣

熙寧中珠輦國使人入貢乞依本國俗撒殿詔從之使人以金盤貯珠跪捧於殿檻之間以金蓮花酌

珠向　御座撒之謂之撒殿乃其國至敬之禮也
朝退有司掃徹得珠十餘两分賜是日侍殿閤
門使副内臣

方家以磁石磨針鋒則能指南然常微偏東不全南也水浮多蕩搖指爪及盌脣上皆可為之運轉尤速但堅滑易墜不若縷懸為最善其法取新纊中獨繭縷以芥子許蠟綴于針腰無風處懸之則針常指南其中有磨而指北者余家指南北者皆有之磁石之指南猶柏之指西莫可原其理

歲首畫鍾馗于門不知起自何時皇祐中金陵發一

塚有石誌乃宋宗懿母鄭夫人宗懿有妹名鍾馗
則知鍾馗之說亦遠

信州杉溪驛舍中有婦人題壁數百言自叙世家本
士族父母以嫁三班奉職鹿生之子（鹿忘其名）娩娠方
三日鹿生利月俸逼令上道遂死于杉溪將死乃
書此壁具逼迫苦楚之狀恨父母遠無地赴訴言
極哀切頗有詞藻讀者無不感傷既死稾瘞之驛
後山下行人過此多為之憤激為詩以吊之者百
餘篇人集之謂之鹿奴詩其間甚有佳句鹿生夏
文莊家奴人惡其貪忍故斥為鹿奴

士人以氏族相高雖從古有之然未嘗著盛自魏氏銓總人物以氏族相高亦未專任門地唯四夷則全以氏族為貴賤如天竺以剎利婆羅門二姓為貴種自餘皆為庶姓如毗舍首陁是也其下又有貧四姓如工巧純陁是也其他諸國亦如是國主大臣各有種姓苟非貴種國人莫肯歸之庶姓雖有勞能亦自甘居大姓之下至今如此自後魏據中原此俗遂盛行于中國故有八氏十姓三十六族九十二姓凡三世公者曰膏粱有令僕者曰華腴尚書領護而上者為甲姓九卿方伯者為乙姓

散騎常侍太中大夫者為丙姓吏部正員郎為丁姓得入者謂之四姓其後遷易紛爭莫能堅定遂取前世仕籍定以博陵崔范陽盧隴西李滎陽鄭為甲族唐高宗時又增太原王清河崔趙郡李通謂七姓然地勢相傾互相排詆各自著書盈編連簡殆數十家至於朝廷為之置官譔定而流習所狥扇以成俗雖國勢不能排奪大率高下五等通有百家皆謂之士族此外悉為庶姓婚宦皆不敢與百家齒隴西李氏乃皇族亦自列在第三其重族望如此一等之內又如岡頭盧澤底李土門崔

靖恭楊之類自為鼎族其俗至唐末方漸衰息

茶牙古人謂之雀舌麥顆言其至嫩也今茶之美者其質素良而所植之木又美則新牙一發便長寸許其細如針唯牙長為上品以其質榦土力皆有餘故也如雀舌麥顆湝極下材耳乃北人不識誤為品題余山居有茶論嘗茶詩云誰把嫩香名雀舌定来北客未曾嘗不知靈草天然異一夜風吹一寸長

閩中荔枝核有小如丁香者多肉而甘土人亦能為之取荔枝木去其宗根仍火燔令焦復種之以大

石抵其根但令傍根得生其核乃小種之不復牙
正如六畜去勢則多肉而不復有子耳

元豐中慶州界生子方蟲方為秋田之害忽有一蟲
生如土中狗蝎其喙有鉗千萬蔽地遇子方蟲則
以鉗搏之悉為兩段旬日子方皆盡歲以大穰其
蟲舊曾有之土人謂之傍不肯

養鷹鸇者其類相語謂之味以麥反漱三館書有味漱
三卷皆養鷹鸇法度及醫療之術

處士劉易隱居王屋山嘗於齋中見一大蜂罥于蛛
網蛛搏之為蜂所螫墜地俄頃蛛鼓腹欲裂徐行

入草蛛嚙芋梗微破以瘡就嚙處磨之良久腹漸
消輕躁如故自後人有為蜂螫者挼芋梗傅之則
愈
宋明帝好食蜜漬鱁鮧一食數升鱁鮧乃今之烏鰂
腸也如何以蜜漬食之大業中吳郡貢蜜蟹二千
頭蜜擁劍四瓮又何嗣嗜糖蟹大底南人嗜鹹北
人嗜甘魚蟹加糖蜜蓋便於北俗也如今之北方
人喜用麻油煎物不問何物皆用油煎慶曆中群
學士會於玉堂使人置得生蛤蜊一簣令饔人烹
之久且不至客訝之使人檢視則曰煎之已焦黑

而尚未爛坐客莫不大笑余嘗過親家設饌有油煎法魚鱗鬣虬然無下筯處主人則捧而横齧終不能咀嚼而罷

漳州界有一水號烏脚溪涉者足皆如墨數十里間水皆不可飲飲則病瘴行人皆載水自隨梅龍圖公儀宦州縣時沿牒至漳州素多病預憂瘴癘為害至烏脚溪使数人肩荷之以物蒙身恐為毒水所沾兢惕過甚睢盱矍鑠忽墜水中至于没頂乃出之舉體黑如崑崙自謂必死然自此宿病盡除頓覺康健無復昔之羸瘵又不知何也

北岳常岑謂之大茂山者是也半屬契丹以大茂山分脊為界岳祠舊在山下石晋之後稍遷近裏今其地謂之神棚今祠乃在曲陽祠北有望岳亭新晴氣清則望見大茂祠中多唐人故碑殿前一亭中有李克用題名云太原河東節度使李克用親領步騎五十萬問罪幽陵回師自飛狐路即歸雁門今飛狐路在茂之西自銀冶寨北出倒馬關度虜界却自石門子令水鋪入瓶形梅回兩寨之間至代州今此路已不通唯北寨西出承天閤路可至河東然路極峭狹太平興國中車駕自太原移

幸常山乃由土門路至今有行宮

鎮陽池苑之盛冠於諸鎮乃王鎔時海子園也鎔嘗館李正威于此亭館尚是舊物皆甚壯麗鎮人喜大言矜大其池謂之潭園蓋不知昔嘗謂之海子矣中山人嘗好與鎮人相[illegible]雄中山城北園中亦有大池遂謂之海子以壓鎮之潭園余熙寧中奉使鎮定時薛師政為定帥乃與之同議展海子直抵西城中山王冢悉為稻田引新河水注之清波瀰漫數里頗類江鄉矣

夢溪筆談全編卷二十四

夢溪筆談全編卷二十五

沈括　存中　述

雜誌二

宣州寧國縣多枳首蛇其長盈尺黑鱗白章兩首文彩同但一首逆鱗耳人家庭檻間動有數十同穴略如蚯蚓

太子中允關杞曾提舉廣南西路常平倉行部邕管一吏人為蟲所毒舉身潰爛有一醫言能治呼使視之曰此為天蛇所螫疾已深不可為也乃以藥傅其瘡有腫起處以鉗拔之有物如蛇凡取十餘

條而疾不起又余家祖塋在錢塘西溪嘗有一田
家忽病癩通身潰爛號呼欲絕西溪寺僧識之曰
此天蛇毒耳非癩也取木皮煮飲一斗許令其恣
飲初日疾減半兩三日頓愈驗其木乃今之秦皮
也然不知天蛇何物或云草間黄花蜘蛛是也人
遺其螫仍為露水所濡乃成此疾露涉者亦當戒
也

天聖中侍御史知雜事章頻使遼死於虜中虜中無
棺櫬轝至范陽方就殮自後遼人常造數漆棺以
銀飾之每有使人入境則載以隨行至今為例

景祐中党項首領趙德明卒其子元昊嗣立朝廷遣
郎官楊告入蕃弔祭告至其國中元昊遷延遥立
屢促之然後至前受　詔及拜起顧其左右曰先
王大錯有國如此而乃臣屬於人既而饗告于廳
其東屋後若干百人鍛聲告陰知其有異志還朝
祕不敢言未幾元昊果叛其徒遇乞先創造蕃書
獨居一樓上累年方成至是獻之元昊乃改元制
衣冠禮樂下令國中悉用蕃書胡禮自稱大夏
朝廷興師問罪彌歲虜之戰士益少而舊臣宿將
如剛浪崚遇野利葦多以事誅元昊力孤復奉表

稱蕃朝廷因赦之許其自新元昊乃更稱兀卒曩霄慶曆中契丹舉兵討元昊元昊與之戰屢勝而契丹至者日益加衆元昊望之大駭曰何如此之衆也乃使人行成退数十里以避之契丹不許引兵壓西師陣元昊又為之退舍如是者三凡退百餘里每退必盡焚其草萊契丹之馬無所食因其退乃許平元昊遷延数日以老北師契丹馬益病亟数軍攻之大敗契丹于金肅城獲其偽乘輿器服子壻近臣数十人而還先是元昊後房生一子曰寧令受寧令者華言大王也其後又納沒臧訛

咗之妹生諒祚而愛之寗令受之毋憲忌欲除没藏氏授戈于寗令受使圖之寗令受間入元昊之室卒與元昊遇遂刺之不殊而走諸大佐没藏訛咗輩廾寗令梟之明日元昊死立諒祚而舅訛咗相之有梁氏者其先中國人為訛咗子婦諒祚私焉日視事于國夜則從諸没藏氏訛咗慙甚謀伏甲梁氏之宮須其入以殺之梁氏私以告諒祚乃使召訛咗執於内室没藏強宗也子弟族人在外者八十餘人悉誅之夷其宗以梁氏為妻又命其弟乞埋為家相許其世襲諒祚凶忍好為亂治平

中遂舉兵犯慶州大順城諒祚乘駱馬張黄屋自出督戰牌者彍弩射之中乃觧圍去創甚馳入一佛祠有牧牛兒不得出懼伏佛座下見其脫鞾血踠于踝使人裹創舁載而去至其國死子秉常立而梁氏自主國事梁乞埋死其子移逋繼之謂之沒寧令沒寧令者華言天大王也秉常之世執國政者有嵬名浪遇元昊之弟也最老於軍事以不附諸梁遷下治而死存者三人移逋以世襲居長契次曰都羅馬尾又次曰罔萌訛畧知書私侍梁氏移逋萌訛皆以昵倖進唯馬尾粗有戰功然皆

庸才秉常荒孱梁氏自主兵不以屬其子秉常不得志素慕中國有李清者本秦人亡虜中秉常昵之因說秉常以河南歸朝廷其謀洩青為梁氏所誅而秉常廢

古人論茶唯言陽羨顧渚天柱蒙頂之類都未言建溪然唐人重串茶粘黑者則已近乎建餅矣建茶皆喬木吳蜀淮南唯叢茇而已品自居下建茶勝處曰郝源曾阬其間又岔根山頂二品尤勝李氏時號為北苑置使領之

信州鉛山縣有苦泉流以為澗挹其水熬之則成膽

礬烹膽礬則成銅熬膽礬鐵釜久之亦化為銅水能為銅物之變化固不可測按黄帝素問有天五行地五行土之氣在天為濕土能生金石濕亦能生金石此其驗也又石穴中水所滴皆為鍾乳殷孼春秋分時汲井泉則結石花大滷之下則生陰精石皆濕之所化也如木之氣在天為風木能生火風亦能生火盖五行之性也

古之節如今之虎符其用則有圭璋龍虎之别皆櫝将之英蕩是也漢人所持節乃古之旌也余在漢東得一玉琥美玉而微紅酣〻如醉肌温潤明潔

或云即玟瑰也古人有以爲幣者春官以白琥禮西方是也有以爲貨者左傳加以玉琥二是也有以爲瑞節者山國用虎節是也

國朝汴渠發京畿輔郡三十餘縣夫歲一浚祥符中閤門祗候使臣謝德權領治京畿溝洫權借浚汴夫自爾後三歲一浚始令京畿民官皆兼溝洫河道以爲常職久之治溝洫之工漸弛邑官徒帶空名而汴渠有二十年不浚歲歲堙澱異時京師溝渠之水皆入汴舊尚書省都堂壁記云踈治八渠南入汴水是也自汴流堙澱京城東水門下至雍

丘襄邑河底皆高出隄外平地一丈二尺餘自汴隄下瞰民居如在深谷熙寧中議改疏洛水入汴余嘗因出使按行汴渠自京師上善門量至泗州淮口凡八百四十里一百三十步地埶京師之地比泗州凡高十九丈四尺八寸六分於京城東數里白渠中穿井至三丈方見舊底驗量地埶用水平望尺幹尺量之不能無小差汴渠隄外皆是出土故溝水令相通時為一堰節其水候水平其上漸淺涸則又為一堰相齒如階陛乃量堰之上下水面相高下之數會之乃得地埶高下之實

唐風俗人在遠或閨門間則使人傳拜以爲敬本朝兩浙仍有此俗、客至欲致敬于閨閫則立使人而拜之使人入見所禮乃再拜致命若有中外則答拜使人出復拜客客與之為禮如賓主慶曆中王君貺使契丹宴君貺于混融江觀釣魚臨歸戎主置酒謂君貺曰南北修好歲久恨不得親見南朝皇帝兄託卿爲傳一杯酒到南朝乃自起酌酒容甚恭親授君貺舉盃又自鼓琵琶上南朝皇帝千萬歲壽先是戎主之弟宗元為燕王有全燕之衆久畜異謀戎主恐其陰附朝廷故特效恭順宗元

後卒以稱亂誅
潘閬字逍遥咸平間有詩名與錢易許洞為友狂放不羈嘗為詩曰散拽禪師来蹴踘亂拖遊女上鞦韆此其自叙之實也後坐盧多遜黨亡命捕迹甚急閬乃變姓名僧服入中條山許洞密贈之詩曰潘逍遥平生才氣如天高倚天大笑無所懼天公嗔爾口呶呶罰教臨老頭補衲歸中條我願中條山神鎮長在駈雷叱電依前趂出這老怪後會赦以四門助教召之閬乃自歸送信州安置仍不懲艾復為掃市舞詞曰出砒霜價錢可贏得撥灰煞

美火暢殺我以此為士人不齒放弃終身

江湖間唯畏大風冬月風作有漸船行可以為備唯盛夏風起于顧盻間往〻罹難曾聞江國賈人有一術可免此患大凡夏月風景須作于午後欲行船者五鼓初起視星月明潔四際至地皆無雲氣便可行至於巳時即止如此無復與暴風遇矣國子博士李元規云平生遊江湖未嘗遇風用此術

余使虜至古契丹界大薊芨如車蓋中國無此大者其地名薊恐其因此也如揚州宜楊荆州宜荆之類荆或為楚〻亦荆木之别名也

刁約使契丹戲為四句詩曰押燕移離畢看房賀跋支餞行三匹裂密賜十貔貍皆紀實也移離畢官名如中國執政官賀跋支如執衣防閤匹裂小木罌以色綾木為之如黃漆貔貍形如鼠而大穴居食果穀嗜肉狄人為珍膳味如豘子而脆

世傳江西人好訟有一書名鄧思賢皆訟牒法也其始則教以侮文侮文不可得則欺誣以取之欺誣不可得則求其罪刼之蓋思賢人名也人傳其術遂以之名書村校中往往以授生徒

蔡君謨嘗書小吴牋云李及知杭州市白集一部乃

為終身之恨此君殊清節可為世戒張乖厓鎮蜀當遨游時士女環左右終三年未嘗回顧此君殊重厚可以為薄夫之檢押此帖今在張乖厓之孫堯夫家余以謂買書而為終身之恨近於過激苟其性如此亦可尚也

陳文忠為樞密一日日欲沒時忽有中人宣召既入右掖已昏黑遂引入禁中屈曲行甚久時見有簾幃燈燭皆莫知何處已而到一小殿殿前有兩花檻已有數人先至皆立庭中殿上垂簾蠟燭十餘炬而已相繼而至者凡七人中使乃奏班齊唯記

文忠丁謂杜鎬三人其四人忘之杜鎬時尚爲館職良久乘輿自宮中出燈燭亦不過數十而已宴具甚盛卷簾令不拜升殿就坐御座設于席東設文忠之坐于席西如常人賓主之位堯叟等皆惶恐不敢就位上宣諭不已堯叟懇陳自古未有君臣齊列之禮至于再三上作色曰本爲天下太平朝廷無事思與卿等共樂之若如此何如就外朝開宴今日只是宮中供辦未嘗命有司亦不召中書輔臣以卿等機密及文館職任侍臣無嫌且欲促坐語笑不須多辭堯叟等皆趨下稱謝上急止

之曰此等禮數皆置之竟叟悚慄危坐上語笑極
歡酒五六行膳具中各出兩絳囊置群臣之前皆
大珠也上曰時和歲豐中外康富恨不得與卿等
日夕相會太平難遇此物助卿等燕集之費群臣
欲起謝上云且坐更有如是酒三行皆有所賜悉
良金重寶酒罷已四鼓時人謂之天子請客文忠
之子述古得於文忠頗能道其詳此畧記其一二
耳

關中無螃蟹元豐中余在陝西聞秦州人家收得一
乾蟹土人怖其形狀以為怪物每人家有病瘧者

則借去掛門户上徃々遂差不但人不識鬼亦不識也

丞相陳秀公治第于潤州極為閎壯池館綿亘數百步宅成公已疾甚唯肩輿一登西樓而已人謂之三不得居不得修不得賣不得

福建劇賊廖恩聚徒千餘人剽掠市邑殺害将吏江浙為之搔然後經赦宥乃率其徒首降朝廷補恩右班殿直赴三班院候差遣時坐恩黜免者數十人一時在銓班叙録其脚色皆理私罪或公罪獨恩脚色稱出身以来並無公私過犯

曹翰圍江州三年城將陷　太宗嘉其盡節於所事
遣使喻翰城下日拒命之人盡赦之使人至獨木
渡大風數日不可濟及風定而濟則翰已屠江州
無遺類適一日矣唐吏部尚書張嘉福奉使河北
逆韋之亂有勑處斬尋遣使人赦之使人上馬昏
睡遲行一驛比至已斬訖與此相類得非有命歟
慶曆中河北大水　仁宗憂形于色有走馬承受公
事使臣到闕即時召對問河北水災何如使臣對
曰懷山襄陵又問百姓如何對曰如喪考妣上黙
然既退即詔閤門今後武臣上殿奏事並須直說

不得過為文飾至今閤門有此條遇有合奏事人
即預先告示
予奉使按邊始為木圖寫其山川道路其初徧履山
川旋以麪糊木屑寫其形勢於木案上未幾寒凍
木屑不可為又鎔蠟為之皆欲其輕易賫故也至
官所則以木刻上之上召輔臣同觀乃詔邊州皆
為木圖藏於内府
蜀中劇賊李順陷劒南兩川關右震動朝廷以為憂
後王師破賊梟李順收復兩川書功行賞了無間
言至景祐中有人告李順尚在廣州巡檢使臣陳

文璉捕得之乃真李順也年已七十餘推驗明白
因赴闕覆按皆實朝廷以平蜀將士功賞已行不
欲暴其事但斬順賞文璉二官仍閤門祗候文璉
泉州人康定中老歸泉州余尚識之文璉家有李
順按款本末甚詳順本味江王小愽之妻弟始王
小愽反于蜀中不能撫其徒衆乃共推順為主順
初起悉召鄉里富人大姓令具其家所有財粟據
其生齒足用之外一切調發大賑貧乏録用材能
存撫良善號令嚴明所至一無所犯時兩蜀大飢
旬日之間歸之者數萬人所向州縣開門延納傳

擻所至無復完壘及敗人尚懐之故順得脫去三十餘年乃始就戮

交趾乃漢唐交州故地五代離亂吳文昌始據安南稍侵交廣之地其後文昌為丁璉所殺復有其地國朝開寶六年璉初歸附授静海軍節度使八年封交趾郡王景德元年土人黎威殺璉自立三年威死安南大亂久無酋長其後國人共立閩人李公藴為主天聖七年公藴死子德政立嘉祐六年德政死子日尊立自公藴據安南始為邉患屢將兵入寇至日尊乃僭稱法天應運崇仁至道慶成

龍祥英武睿文尊德聖神皇帝尊公蘊為太祖神
武皇帝國號大越熈寧元年僞改元寶象次年又
改神武日尊死子乾德立以官人李尚吉與其母
黎氏號鶯鸞太妃同主國事熈寧八年舉兵陷邕
欽廉三州九年遣宣徽使郭仲通天章閣待制趙
公才討之拔廣源州擒酋領劉紀焚甲峒破機郎
決里至富良江尚吉遣王子洪真率衆來大破
之斬洪真衆殲于江上乾德乃降是時乾德方十
歳事皆制于尚吉廣源州者本邕州羈縻天聖七
年首領儂存福歸附補存福邕州衛職轉運使章

頻罷遣之不受其地存福乃與其子智高東掠籠州有之七源存福因其亂殺其兄率土人劉川以七源州歸存福慶曆八年智高自領廣源州漸吞滅右江田州一路蠻峒皇祐元年邕州人殿中丞昌協奏乞招收智高不報廣源州孤立無所歸交趾覘其隙襲取存福以歸智高據州不肯下反欲圖交趾不克為交人所攻智高出奔右江文村具金函表投邕州乞歸朝廷邕州陳拱拒不納明年智高與其黨盧豹黎貌黃仲卿廖通等掠橫山寨入寇陷邕州入二廣及智高敗走盧豹等收其餘

衆歸劉紀下廣河至熙寧二年豹等歸順未幾復
叛從紀至大軍南征郭帥遣別將燕達下廣源乃
始得紀以廣源為順州甲峒者交趾大聚落主者
甲承貴娶李公蘊之女改姓甲氏承貴之子紹泰
又娶德政之女其子景隆娶日尊之女世為婚姻
最為邊患自天聖五年承貴破太平寨殺寨主李
緒嘉祐五年紹泰又殺永平寨主李德用屢侵邊
境至熙寧大舉乃討平之收隸機郎縣
太祖朝常戒禁兵之衣長不得過膝買魚肉及酒入
營門者皆有罪又制更戍之法欲其習山川勞苦

遠妻孥懷土之戀兼外戍之日多在營之日少人〻少子而衣食易足又京師衛兵請粮者營在城東者即令赴城西倉在城西者令赴城東倉仍不許傭僦車脚皆須自負嘗親登右掖門觀之蓋使之勞力制其驕惰故士卒衣食無外慕安辛苦而易使

青堂羌本吐蕃別族唐末蕃將尚恐熱作亂率衆歸中國境內離散國初有胡僧立遵者乘亂挾其主籛逋之子唃廝囉東據宗哥邈川城唃廝囉人號瑕薩籛逋者胡言贊普也唃廝囉華言佛也囉華言

男也自稱佛男猶中國之稱天子也立遵姓李氏唃厮囉立、、遵與邈川首領温（音温反）逋相之有漢隴西南安金城三郡之地東西二千餘里宗哥邈川即所謂三河間也祥符九年立遵與唃厮囉引衆十萬寇邊入古渭州知秦州曹瑋攻敗之立遵歸乃死唃厮囉妻李氏立遵之女也生二子曰瞎氊磨氊角立遵死唃厮囉更取喬氏生子董氊取契丹之女為婦李氏失寵去為尼二子亦去其父瞎氊居河州磨氊角居邈川唃厮囉徙来居青堂城趙元昊叛命以兵遮厮囉遂與中國絶屯田員外郎劉渙獻議通唃廝囉乃使渙出古渭州循末邦山至河州國門寺絶河踰廓州至青堂見唃廝囉授以爵命自此復通磨氈角死唃廝囉復收邈川城收磨氈角妻子質於結羅城唃廝囉死子董氈立朝廷復授以爵命瞎氈有子木征木征者華言龍頭也以其唃廝囉嫡孫昆弟行最長故謂之頭龍羌人語倒謂之頭龍瞎氈死青堂首領瞎藥雞羅及胡僧鹿尊共立之移居滔山董氈之甥瞎征伏羌蕃部李鈸星之子也與木征不協其舅李篤氈挾瞎征居結古野反河瞎征數與篤氈及沈千族

首領常尹丹波合兵攻木征木征去居安鄉城有
巴欺温者喻氏族子先居結羅城其後稍強董氈
河南之城逐三分巴欺溫木征居洮河澗瞎征居
結河董氈獨有河北之地熙寧五年秋王子醇引
兵始出路骨山拔香子城平河州又出馬蘭州擒
木征母弟結吴叱破洮州木征之弟巴氈角降盡
得河南熙河洮岷疊宕六州之地自臨江寨至安
鄉城東西一千餘里降蕃户三十餘萬帳明年瞎
木征降置熙河路

范文正嘗言史稱諸葛亮能用度外人用人者莫不

欲盡天下之才常患近已之好惡而不自知也能用度外人然後能周大事

元豐中夏戎之母梁氏遣將引兵卒至保安軍順寧寨圍之數重時寨兵至少人心危懼有倡姥李氏得梁氏陰事甚詳乃掀衣登陴抗聲罵之盡發其私虜人皆掩耳併力射之莫能中李氏言愈醜虜人度李終不可得恐且得罪遂託以他事中夜解去鷄鳴狗盜皆有所用信有之

宋宣獻博學喜藏異書皆手自校讎常謂校書如掃塵一面掃一面生故有一書每三四校猶有脫謬

夢溪筆談全編卷二十五

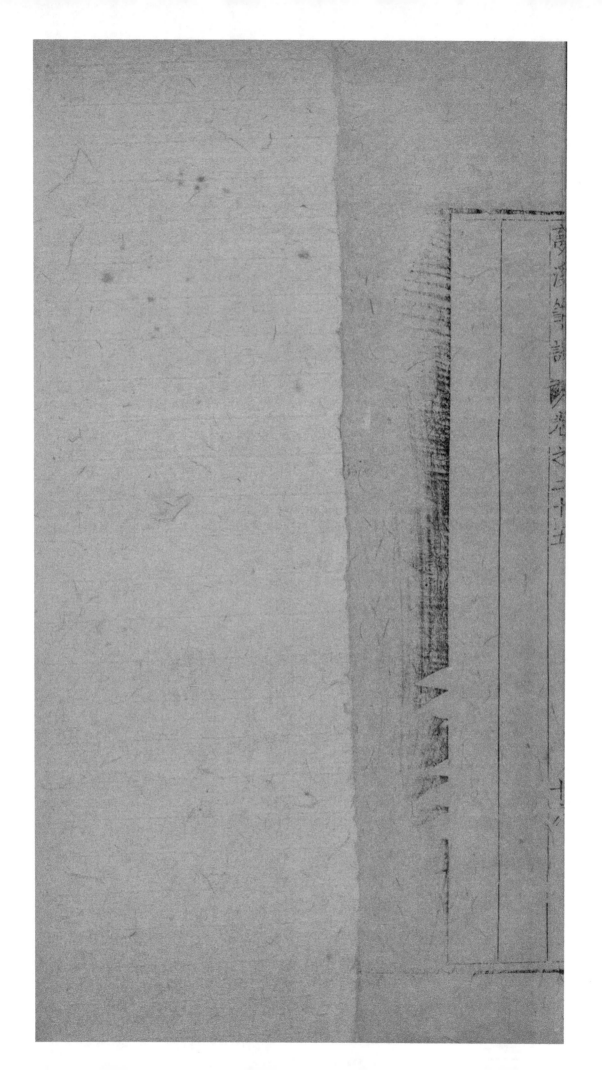

夢溪筆談全編卷二十六

沈括　存中　述

藥議

古方言雲母麤服則著人肝肺不可去如枇杷狗脊毛不可食皆云射入肝肺世俗似此之論甚多皆謬說也又言人有水喉氣喉者亦謬說也世傳歐希範真五臟圖亦畫三喉盖當時驗之不審耳水與食同嚥豈能就中遂分入二喉人但有咽有喉二者而已咽則納飲食喉則通氣咽則下入胃脘次入胃又次入腸又次入大小腸喉則下通五臟

出入息五臟之含氣呼吸正如冶家之鼓鞴人之飲食藥餌但自咽入腸胃何嘗能至五臟凡人之肌骨五臟腸胃雖各別其入腸之物英精之氣味皆能洞達但滓穢即入二腸凡人飲食及服藥既入腸為真氣所蒸英精之氣味以至金石之精者如細研硫黃硃砂乳石之類凡能飛走融結者皆隨真氣洞達肌骨猶如天地之氣貫穿金石土木曾無留礙自餘頑石草木則但氣味洞達耳及其勢盡則滓穢傳入大腸潤濕滲入小腸此皆敗物不復能變化惟當退洩耳凡所謂某物入肝某物

入腎之類但氣味到彼耳凡質豈能至彼哉此醫

不可不知也

余集靈苑方論雞舌香以為丁香母蓋出陳氏拾遺今細考之尚未然按齊民要術云雞舌香世以其似丁子故一名丁子香即今丁香是也日華子云雞舌香治口氣所以三省故事郎官日含雞舌香欲其奏事對答其氣芬芳此正謂丁香治口氣至今方書為然又古方五香連翹湯用雞舌香千金五香連翹湯無雞舌香却有丁香此最為明驗新補本草又出丁香一條蓋不曾深考也今世所用

雞舌香乳香中得之大如山茱萸剉開中如柿核略無氣味以治疾殊極乖謬

舊説用藥有一君二臣三佐五使之説其意以謂藥雖衆主病者專在一物其他則節級相爲用大略相統制如此爲宜不必盡然也所謂君者主此一方者固無定物也藥性論乃以衆藥之和厚者定以爲君其次爲臣爲佐有毒者多爲使此謬説也設若欲攻堅積如巴豆輩豈得不爲君哉

金罌子止遺洩取其温且澀也世之用金罌者待其紅熟時取汁熬膏之大誤也紅則味甘熬膏則

全斷澀味都失本性今當取半黄時採乾擣末用之

湯散丸各有所宜古方用湯最多用丸散者殊少煑散古方無用者唯近世人為之本體欲達五臟四肢者莫如湯欲留膈胃中者莫如散久而後散者莫如丸又無毒者宜湯小毒者宜散大毒者須用丸又欲速者用湯稍緩者用散甚緩者用丸此其大槩也近世用湯者全少應湯皆用煑散大率湯劑氣勢完壯力與丸散倍蓰煑散者一啜不過三五錢極矣比功較力豈敵湯勢然湯既力大則不

宜有失消息用之全在良工難可以定論拘也

古法採草藥多用二月八月此殊未當但二月草已芽八月苗未枯採掇者易辨識耳在藥則未為良時大率用根者若有宿根須取無莖葉時採則津澤皆歸其根欲驗之但取蘆菔地黄輩觀無苗時採則實而沉有苗時採則虛而浮其無宿根者即候苗成而未有花時採則根生已足而又未衰如今之紫草未花時採則根色鮮澤過而採則根色黯惡此其效也用葉者取葉初長足時用芽者自從本說用花者取花初敷時用實者成實時採皆

不可限以時月緣土氣有早晩天時有愆伏如平地三月花者深山中則四月花白樂天遊大林寺詩云人間四月芳菲盡山寺桃花始盛開盖常理也此地埶高下之不同也如筀竹笋有二月生者有四月生者有五月方生者謂之晩筀稻有七月熟者有八九月熟者有十月熟者謂之晩稻一物同一畦之間自有早晩此性之不同也嶺嶠微草凌冬不凋并汾喬木望秋先隕諸越則桃李冬實朔漠則桃李夏榮此地氣之不同一畝之稼則糞溉者先牙一丘之禾則後種者晩實此人力之不

同也豈可一切拘以定月哉

本草注橘皮味苦柚皮味甘此誤也柚皮極苦不可向口皮甘者乃橙耳

按月令冬至麋角觧夏至鹿角觧陰陽相反如此今人用麋鹿茸作一種殆疎也又有刺麋鹿血以代茸云茸亦血耳此大誤也竊詳古人之意凡含血之物肉差易長其次筋難長最後骨難長故人自胚胎至成人二十年骨髓方堅唯麋角自生至堅無兩月之久大者乃重二十餘斤其堅如石計一晝夜須生數兩凡骨之頓成長神速無甚於此雖

草木至易生者亦無能及之此骨之至強者所以能補骨血堅陽道強精髓也豈可與凡血爲比哉麋茸利補陽鹿茸利補陰凡用茸無樂大嫩世謂之茄子茸但珎其難得耳其實少力堅者又太老唯長數寸破之肌如朽木茸端如瑪瑙紅玉者最善又北方戎狄中有麋麖麈駝鹿極大而色蒼麂黄而無班亦鹿之類角大而有文瑩瑩如玉其茸亦可用也

枸杞陜西極邊生者高丈餘大可作柱葉長數寸無刺根皮如厚朴甘美異於他處者千金翼云甘州者爲真葉厚大者是大體出河西諸郡其次江池

間埂上者實圓如櫻桃全少核暴乾如餅極膏潤有味

淡竹對苦竹為文除苦竹外悉謂之淡竹不應别有一品謂之淡竹後人不曉於本草内别疏淡竹為一物今南人食笋有苦笋淡笋兩色淡笋即淡竹也

東方南方所用細辛皆杜衡也又謂之馬蹄香也黄白拳局而脆乾則作團非細辛也細辛出華山極細而直深紫色味極辛嚼之習習如椒其辛更甚於椒故本草云細辛水漬令直是以杜衡偽為之

也襄漢間又有一種細辛極細而直色黄白乃是
鬼督郵亦非細辛也
本草注引爾雅云蘦大苦注甘草也蔓延生葉似荷
青莖赤此乃黄藥也其味極苦謂之大苦非甘草
也甘草枝葉悉如槐高五六尺但葉端微尖而糙
澀似有白毛實作角生如相思角作一本生熟則
角坼子如小匾豆極堅齒嚙不破
胡麻直是今油麻更無他説余已於靈苑方論之其
角有六稜者有八稜者中國之麻今謂之大麻是
也有實爲苴麻無實爲枲又曰牡麻張騫始自大

宛得麻油之種亦謂之麻故以胡麻別之謂漢麻
為大麻也
赤箭即今之天麻也後人既誤出天麻一條遂指赤
箭別為一物既無此物不得已又取天麻苗為之
滋為不然本草明稱採根陰乾安得以苗為之草
藥上品除五芝之外赤箭為第一此神仙補理養
生上藥世人惑於天麻之說遂止用之治風良可
惜哉以謂其莖如箭既言赤箭疑當用莖此尤不
然至如鳶尾牛膝之類皆謂莖葉有所似則用根
耳何足疑哉

地菘即天名精也世人既不識天名精又妄認地菘為火薟本草又出鶴蝨一條都成紛亂今按地菘即天名精葢其葉似菘又似名精（名精即蔓精也）故有二名鶴蝨即其實也世間有單服火薟法乃是服地菘耳不當用火薟（火薟本草名稀薟即是豬膏苺後人不識亦重複出之）

南燭草木記傳本草所說多端今少有識者為其作青精飯色黑乃誤用烏桕為之全非也此木類也又似草類故為之南草木今人謂之南天燭者是也南人多植於庭檻之間莖如朔藋有節高三四尺廬山有盈丈者葉微似楝而小至秋則實赤如

丹南方至多
太陰玄精生觧州盬澤大滷中溝渠土内得之大者如杏葉小者如魚鱗悉皆尖角端正如龜甲其裙襴小墮其前則下剡其後則上剡正如穿山甲相掩之處全是龜甲更無異也色緑而瑩徹叩之則直理而折瑩明如鑑折處亦六角如柳葉火燒過則悉解折薄如柳葉片〻相離白如霜雪平潔可愛此乃禀積陰之氣凝結故皆六角今天下所用玄精乃絳州山中所出絳石耳非玄精也楚州盬城古盬倉下土中又有一物六稜如馬牙消清瑩

如水晶潤澤可愛彼方亦名太陰玄精然喜暴潤
如盬鹻之類唯解州所出者為正
稷乃今之穄也齊晉之人謂即積皆曰祭乃其土音
耳無他義也本草注云又名穈子穈子乃黍屬大
雅維秬維秠維穈維芑秬秠穈芑皆黍屬以色别
丹黍謂之穈音門今河西人用穈字而音糜
苦耽即本草酸漿也新集本草又重出苦耽一條河
西番界中酸漿有盈丈者
今之蘇合香如堅木赤色又有蘇合油如糯膠今多
用此為蘇合香按劉夢得傳信方用蘇合香云皮

薄子如金色按之即小放之即起良久不定如蟲動烈者佳也如此則全非今所用者更當精考之

薰陸即乳香也本名薰陸以其滴下如乳頭者謂之乳頭香鎔塌在地上者謂之塌香如臘茶之有滴乳白乳之品豈可各是一物

山豆根味極苦本草言味甘者大誤也

蒿之類至多如青蒿一類自有兩種有黃色者有青色者本草謂之青蒿亦恐有別也陝西綏銀之間有青蒿在蒿叢之間時有一兩株迥然青色土人謂之香蒿莖葉與常蒿悉同但常蒿色緑而此蒿

色青翠一如松檜之色至秋深餘蒿並黄此蒿獨青氣稍芬芳恐古人所用以此為勝

按文蛤即吳人所食花蛤也魁蛤即車螯也海蛤今不識其生時但海岸泥沙中得之大者如棊子細者如油麻粒黄白或赤相雜蓋非一類乃諸蛤之房為海水礲礪光瑩都非舊質蛤之屬其類至多房之堅久瑩潔者皆可用不專指一物故通謂之海蛤

今方家所用漏蘆乃飛廉也飛廉一名漏蘆苗似箬葉根如牛蒡綿頭者是也採時用根今閩中所用

漏蘆莖如油麻高六七寸秋深枯黑如漆採時用苗本草自有條正謂之漏蘆

本草所論赭魁皆未詳審今赭魁南中極多膚黑肌赤似何首烏切破其中赤白理如檳榔有汁赤如赭南人以染皮製鞾閩嶺人謂之餘糧本草禹餘糧注中所引乃此物也

石龍芮今有兩種水中生者葉光而末圓陸生者葉毛而末鋭入藥用生水者陸生亦謂之天灸取少葉揉繫臂上一夜作大泡如火燒者是也

麻子海東來者最勝大如蓮實出乇羅島其次上郡

北地所出大如大豆亦善其餘皆下材用時去殼其法取麻子帛包之沸湯中浸候湯冷乃取懸井中一夜勿令著水明日日中暴乾就新瓦上輕挼其殼悉解簸揚取肉粒〻皆完

夢溪筆談全編卷二十六終

夢溪筆記　卷之二十六

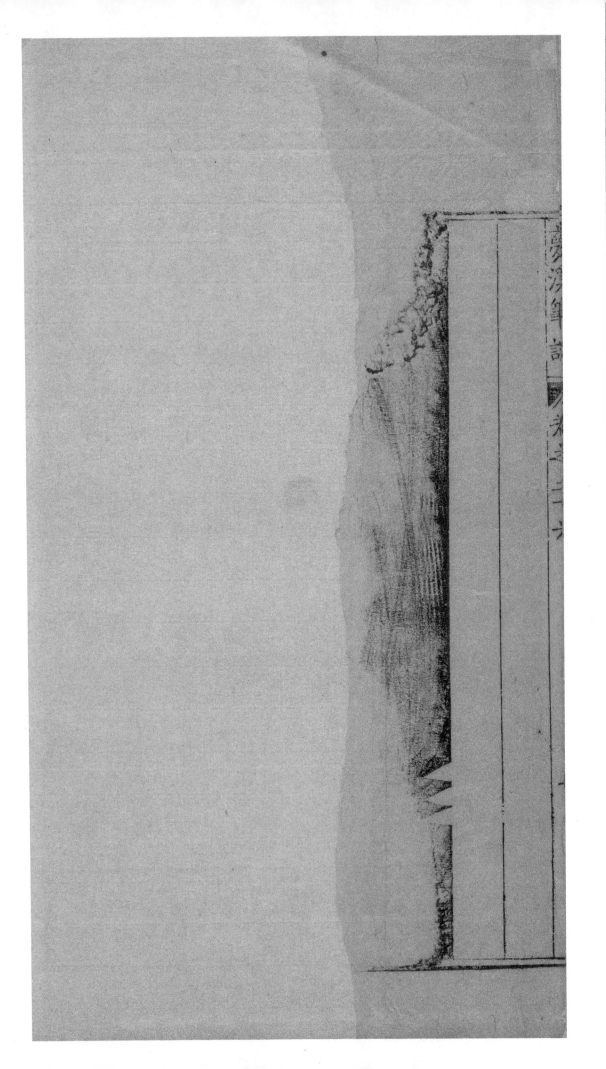